T0309024

I CHING

I 易經 CHING

Libro de las Mutaciones

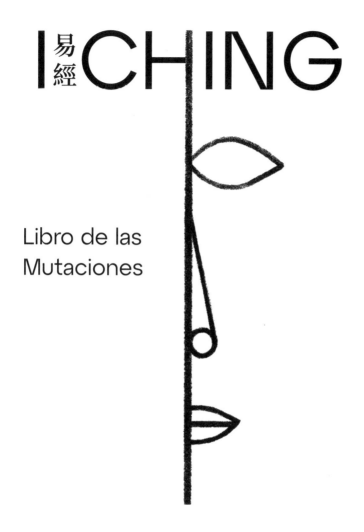

Texto original traducido del chino por **Charles de Harlez**
Presentado y anotado por **Raymond de Becker**
Versión castellana de **Esteve Serra**
Ilustraciones de **Amanda Mijangos** y **Armando Fonseca**

ALMA ╳ PENSAMIENTO ILUSTRADO

Título original: *Yi King*

© de esta edición:
Editorial Alma
Anders Producciones S.L., 2022
www.editorialalma.com
@almaeditorial
@Almaeditorial

La presente edición se ha publicado con la autorización
de José J. de Olañeta, Editor
© 1959, Herederos de R. de Becker
© de la traducción a partir de la versión francesa
de Charles de Harlez: Esteve Serra

© de las ilustraciones: Amanda Mijangos
y Armando Fonseca, 2021

Diseño de la colección: Estudi Miquel Puig
Diseño de cubierta: Estudi Miquel Puig
Maquetación y revisión: La Letra, S.L.

ISBN: 978-84-18933-11-0
Depósito legal: B. 19708-2021

Impreso en España
Printed in Spain

Este libro contiene papel de color natural de alta
calidad que no amarillea (deterioro por oxidación) con
el paso del tiempo y proviene de bosques gestionados
de manera sostenible.

SUMARIO

PRESENTACIÓN

Se cuenta que Fuxin, mitad hombre y mitad serpiente, creador, entre otras cosas, de la humanidad, la música, la pesca, la caza y la escritura, vio un día salir de un afluente del río Amarillo a una tortuga que llevaba en el caparazón ocho trigramas. Los trigramas son agrupaciones de tres líneas que simbolizan la conexión de todas las cosas: si son de trazo discontinuo están vinculadas al *yin* y si, al contrario, son continuas, se relacionan con el *yang*. Ante esa visión, y conociendo que la sabiduría se obtiene mediante la atenta observación de la naturaleza, Fuxin comprendió que aquellos símbolos representaban el movimiento de la energía en la vida terrenal.

Este es el primer origen, mítico, del *I Ching* o *Libro de las Mutaciones*, compuesto por distintas «capas» textuales en las que conviven esos supuestos primeros trigramas —más los hexagramas derivados de ellos—, con las mayores interpretaciones surgidas posteriormente y hasta el momento de su compilación, en torno al siglo II a. C. Parte de estos comentarios se atribuyeron a Confucio, de tal modo que el *I Ching* pasó a considerarse el primero de los cinco libros clásicos del confucianismo. Su influencia en la cultura china a lo largo de dos milenios se hizo presente en todos los ám-

7

bitos hasta el punto de que su dominio era obligatorio incluso para todo aquel que deseara superar las arduas oposiciones que permitían obtener un puesto en la burocracia de China.

A los primeros textos se les atribuyó una capacidad adivinatoria, comparable a la de cualquier oráculo antiguo occidental. En su conjunto, sin embargo, la obra ofrecía una concepción general del cosmos como un proceso orgánico sin principio ni fin, un flujo continuo y dinámico que lo abarca todo y en el que, por tanto, no existe distinción entre el hombre y la naturaleza, el sujeto que observa y el objeto observado, el mundo interior y el exterior. Desde esta perspectiva, respondía a las grandes cuestiones cosmológicas y ejerció un papel comparable al de la Biblia, el Corán o, en cierto sentido, la filosofía moderna europea, por cuanto su respuesta se basaba en una herramienta distinta a la mitología. También favoreció el contacto entre culturas, pues su universalidad llevó, por ejemplo, a que algunos misioneros jesuitas de los siglos XVII y XVIII vieran en él un libro profético que encerraba los misterios del cristianismo.

Presentamos, en definitiva, una obra fundamental en la cultura de Oriente. Un compendio filosófico y un oráculo que, en la presente edición, el estudioso Raymond Becker comenta desde la perspectiva del psicoanálisis y conecta las enseñanzas y vaticinios de los hexagramas con las profundidades de la mente humana.

INTRODUCCIÓN

Raymond
de
Becker

El *I Ching* o *Libro de las Mutaciones* (de los cambios, de las metamorfosis) ocupa en la tradición china un lugar comparable al de la Biblia en la tradición occidental cristiana o el Corán en la islámica. Se considera una obra sagrada, y su influencia se constata en las dos grandes corrientes del pensamiento chino, el confucianismo y el taoísmo. Nunca ha dejado de ser objeto de las reflexiones y los comentarios de las mentes más notables del Imperio Medio.

Pero, lejos de presentarse como una simple compilación de reflexiones filosóficas o morales, el *I Ching* posee una reputación mágica[1] y difícilmente se puede disociar del uso adivinatorio que se hizo de él. Esta reputación mágica y este uso adivinatorio contribuyeron a apartar de él al lector occidental y a devaluar una obra que chocaba de frente con nuestros hábitos racionalistas. Y es aún más significativo que el interés renovado del que hoy es objeto el *Libro de las Mutaciones* en Occidente no sea obra de los sinólogos ni de los filósofos, sino de los psicólogos. La bella traducción del *I Ching* realizada por Richard Wilhelm en lengua alemana (1923), y que ha sido editada también en inglés y en italiano, la presentó precisamente Carl Gustav Jung, el maestro de la psicología analítica contemporánea, que, después de Sigmund Freud, dedicó su vida y su obra a la exploración del inconsciente y al descubrimiento del alma. Y debo confesar que yo mismo solo me acerqué al *I Ching* a causa de mi interés por la psicología profunda y porque me pareció descubrir en él un método para desvelar el inconsciente que merecía compararse al que, mediante el análisis de los sueños, ha intentado elaborar Occidente.

A quienes sorprenda esta afirmación cabe decirles que el ver en las diversas formas de adivinación practicadas en la Antigüedad unas tentativas más o menos elaboradas de descubrimiento del inconsciente no es en absoluto novedoso. Pero siempre hemos tenido una ignorancia casi completa de los procedimientos utilizados en estas diversas formas de adivinación; al menos, en su nivel superior. Si bien podemos comprobar la influencia de los oráculos de Delfos, de Dodona o de Cumas en la vida pública y privada de Grecia y Roma; si bien la historia nos ha transmitido un número apreciable de profecías enunciadas en circunstancias dramáticas; y si bien también sabemos que el delirio de las pitias o de las sibilas era interpretado por unos colegios de sacerdotes, nunca hemos tenido la posibilidad de decir a qué reglas de interpretación estaba sometida la formulación de los oráculos o si tales reglas existían. Más aún, nunca hemos estado en condiciones de reconstituir, de alguna manera, el proceso psicológico que desembocaba en el oráculo y de situarnos personalmente en unas circunstancias que permitieran verificar su naturaleza. Así, el comportamiento de los antiguos siempre nos ha sido ajeno y, por consiguiente, la importancia del arte augural en las sociedades antiguas no podía sino parecernos misteriosa, diríase la supervivencia de un estado arcaico y de una falta de madurez del espíritu.

Ahora bien, el *Libro de las Mutaciones* no solo ofrece un sistema completo de adivinación, con reglas precisas y refinadas, sino también un sistema sobre el que en lo sucesivo se puede reflexionar de una manera a la vez teórica y experimental. Este sistema presenta la particularidad de ser utilizado desde hace miles de años en todos los estratos de la vida social, tanto por adivinos populares como por los filósofos y los estadistas más eminentes, y tanto con fines privados como con fines públicos. Los *Anales chinos* mencionan numerosas fechas en las que los funcionarios de la corte consultaron el *I Ching* y se dice que Gengis Kan sometió a la apreciación del oráculo algunas de sus decisiones políticas y militares más importantes. Según Richard Wilhelm, aún en fechas recientes no se podían recorrer las ciudades chinas sin encontrar, sentado a una mesa en algún rincón de la calle, decidores de la buenaventura que prodigaban, en nombre del *I Ching*, sus consejos y sus previsiones, o sin descubrir, en los rótulos y los paneles lacados de las fachadas, algunas de las máximas o sentencias más célebres del *Libro de las Mutaciones*. No solo se atribuyen a Confucio algunos de los comentarios más importantes de esta obra, a cuyo estudio sus discípulos se dedicaron particularmente, sino que también, ya en el siglo XVIII, el catálogo de la Biblioteca Imperial mencionaba no menos de mil cuatrocientas cincuenta obras y comentarios a él dedicados.

El *Libro de las Mutaciones* no se presenta, pues, como una obra corriente, cuyo origen y autor se podrían situar con exactitud en una historia literaria determinada, sino como una especie de fenómeno intemporal y colectivo, cuyas fuentes deben buscarse en un periodo casi mítico de la civilización y cuyas aguas han ido creciendo, con el paso de los siglos, con una multitud de aportaciones cuya calidad es, a menudo, desigual. Pero, si bien este aspecto del *I Ching* puede desanimar a historiadores y críticos preocupados sobre todo por individualizar una obra, así como sus diversas aportaciones, y situarlas en una cronología tranquilizadora, en cambio puede seducir a los psicólogos y a todos los apasionados por los mecanismos del alma. Pues, como veremos, estos depósitos sucesivos que, con el transcurso de milenios y a partir de acontecimien-

tos arcaicos en parte desconocidos, han constituido el *I Ching* tal
como hoy se nos presenta no solo permiten conocer lo que podríamos considerar la secreción más representativa del alma china,
sino que, además, parecen haberse formado según unas reglas de
asociación y haberse coagulado según unas leyes de contigüidad
que ofrecen al investigador un terreno privilegiado y evocan el trabajo del sueño cuyos procesos destacó Freud en el individuo. En el
I Ching, estos procesos van precisamente más allá de los límites del
individuo y se amplían en las dimensiones de un pueblo y de la
historia, de modo que nos encontramos en presencia de un verdadero sueño colectivo y podemos discernir en ellos cómo se constituyen las grandes imágenes e ideas que son el fundamento de las
civilizaciones y les confieren una forma. Lo que se desvela ya no es,
por tanto, lo que un primer análisis de los sueños de un individuo
revela, a saber, las constelaciones nacidas de la biografía infantil y
que, en parte, determinan los complejos del adulto, sino unas
constelaciones más generales y, sin duda, universales que son a la
vez los arquetipos y los lugares comunes de la humanidad. Creo
que no hay otro libro en la literatura mundial que presente de una
manera tan completa estos arquetipos y estos lugares comunes, ni
que permita estudiar mejor cómo los individuos y las civilizaciones se ven arrastrados a unos cauces en los que se acumulan las
experiencias comunes.

Los arquetipos del *Libro de las Mutaciones* se revelan con una pureza y una nitidez tanto más grandes cuanto que se presentan en
una forma gráfica que, aunque ligada a textos de orden filosófico o
adivinatorio, existe en cierto modo por sí misma y con independencia de estos últimos. En efecto, el *I Ching* consiste, esencialmente, en
una compilación de sesenta y cuatro signos gráficos, llamados *kuas* o
hexagramas porque están constituidos por seis trazos particulares.
En principio, se supone que estos sesenta y cuatro hexagramas expresan toda la multiplicidad de los posibles, la totalidad de las situa-

ciones cósmicas, sociales o psicológicas que se pueden presentar en el universo. O, para ser más exactos, cada hexagrama corresponde a una estructura cuyos diferentes trazos expresan un aspecto particular. Existe un vínculo entre los trazos de cada hexagrama, del mismo modo que existe un vínculo entre todos los hexagramas que constituyen el *I Ching*. Hay un paso de un trazo al otro y de un hexagrama al otro; hay un movimiento que, del primer trazo al sexto en el interior de un hexagrama determinado, arrastra la vida y a los hombres en metamorfosis incesantes, en unos cambios y mutaciones que, precisamente, le dan su nombre al *I Ching*. De esta manera, en un flujo perpetuo, cada cosa acaba por pasar a su contraria: la dureza se convierte en suavidad; la dulzura se transforma en fuerza; la decadencia surge de la prosperidad; la grandeza, del estancamiento; y la oscuridad sustituye a la luz, que, en el corazón de las tinieblas, encuentra las causas de su resurrección.

Sin embargo, ni los sesenta y cuatro hexagramas ni los seis trazos que componen cada uno de ellos se pueden considerar los arquetipos de los que he hablado antes. Pues ellos mismos no son sino los frutos de la combinación de estructuras más esenciales aún, cuya cualidad determinante coincide por lo demás con una mayor antigüedad. En efecto, cada hexagrama está constituido por dos trigramas que poseen una existencia autónoma. Es sabido que estos servían ya de signos adivinatorios en una época en que los hexagramas eran desconocidos y en la que el *I Ching* no se había constituido en su forma de compilación de sesenta y cuatro signos gráficos.[4] Hay ocho trigramas y son estos los que, mediante combinaciones diversas, constituyen los diferentes hexagramas. Al estudiarlos se puede ver hasta qué punto representan verdaderas situaciones arquetípicas, modos de comportamiento ligados a cierta cualidad u orientación de la energía. Para mayor satisfacción de los psicoanalistas, los chinos confirieron a estos trigramas un simbolismo familiar. El padre, la madre, el hijo mayor, el hijo segundo y el hijo menor, así como la hija mayor, la hija segunda y la hija menor, simbolizan los modos fundamentales de comportamiento que, proyectados en el orden social y cósmico, o asociados con sus análogos en la sociedad y en el universo, sirven de núcleos constitutivos de todas las experiencias posibles. Pero los símbolos familiares, que solo están para concretar unas cualidades diferentes de la energía, se reducen además a la combinación de dos formas primarias de esta energía, lo masculino y lo femenino, lo positivo y lo negativo, lo claro y lo oscuro, lo cálido y lo húmedo. No obstante, esta dualidad, en la que se reconoce la oposición tradicional del yin y el yang, no evoca de ningún modo un dualismo original, análogo al que conoció Persia, por ejemplo. Pues, para el *I Ching*, como para el conjunto de la tradición china, el yin y el yang contienen cada uno el germen de su contrario, de modo que detrás de la apariencia de las oposiciones o, mejor dicho, en el interior de ellas, se encuentra lo que las condiciona y constituye su ley; a saber, lo que Lao Tse denominó el *Tao*. Este, como es sabido, no se puede asimilar a la idea de un Dios personal, pero se encuentra cerca del concepto del abismo o del *Urgrund* que algunos místicos elaboraron en Europa. Es una *coincidentia oppositorum*. Antes incluso de Lao Tse, los chinos veían en el origen de las dualidades «un gran comienzo inicial», *t'ai ki*, que fue representado con el símbolo del Tramo mayor o de la Viga suprema, del trazo original cuya división y cuyas disposiciones múltiples dieron origen a los opuestos.

En términos históricos, las primeras grafías adivinatorias solo correspondían a un sí o un no, es decir, a lo que más tarde se convirtió en el yang y el yin, lo masculino y lo femenino.[5] Solo estaban constituidas por un trazo continuo yang: ▬▬ y un trazo discontinuo yin: ▬ ▬, que, desde un punto de vista filosófico, se pueden considerar las dos primeras manifestaciones de la Viga suprema. Es imposible decir a qué época se remontan estos primeros signos adivinatorios y cuál es su origen. Charles de Harlez ve en ellos una transformación de las cuerdecillas anudadas que, según una tradición antigua y constante, formaron el primer modo de escritura empleado en China. Los propios chinos les atribuyen un origen sobrenatural. Uno de sus soberanos míticos habría visto las líneas misteriosas en el lomo de un dragón surgido del río Amarillo. Aunque sus cronologías sitúan este acontecimiento más de tres mil años antes de nuestra era,[6] no tenemos ninguna prueba de que el *I Ching* empezara a constituirse en aquella época. El reinado de Fu Hi sugiere, como mucho, una antigüedad que se remonta al periodo de la caza, la pesca y la invención de la cocción. Por su parte, las excavaciones realizadas en la provincia de Henán han permitido descubrir inscripciones oraculares grabadas en huesos y en caparazones de tortuga que muestran hasta qué punto la práctica adivinatoria estaba ya desarrollada en China en los tres últimos siglos del segundo milenio.[7] En todo caso, fueron los dos trazos originales, positivo y negativo, los que, al aglomerarse y combinarse, dieron lugar a los ocho trigramas constitutivos. Se empezó superponiéndolos uno al otro, de modo que se llegó a cuatro primeras combinaciones:

y después a otras, más sutiles:

Estas constituyen los ocho trigramas fundamentales, que se encuentran en colecciones muy antiguas, como el *Libro de las Mutaciones* de la dinastía Hia (2205-1766 a. C.), llamado *Lien Shan*, y el de la dinastía Shang (1766- 1150 a. C.), titulado *Kuei Ts'ang*. En estas colecciones, los trigramas ya han dado origen a hexagramas, pero sin que estos últimos correspondan al número y al orden que se les atribuyeron en la versión definitiva del *I Ching*.

No obstante, esta versión definitiva tan solo es, al menos en su estructura gráfica, una combinación de los ocho trigramas asociados de todas las maneras posibles. Y podría aparecer poco más que como una diversión del espíritu bastante vana y mecánica de no haber permitido que alrededor de cada signo se juntara un número increíble de imágenes y de reflexiones que, ajustadas unas con otras, forman uno de los conjuntos más completos, armoniosos y profundos del pensamiento humano. Cabe juzgar esta agrupación de maneras muy diversas y considerarla, por ejemplo, resultado de una casualidad. Pero esta sería aún más admirable, sin que, no obstante, explicara nada. De modo que es más verosímil creer que las diversiones aparentemente más mecánicas del espíritu están hechas a imagen de las diversiones de la naturaleza, que sus leyes son el reflejo de las leyes de la naturaleza y que esta se expresa a través del espíritu, que no es más que su conciencia en el hombre. En suma, y por expresarlo desde un punto de vista tradicional, habría identidad del macrocosmos y el microcosmos, y esta identidad permitiría comprender cómo el hombre, al abandonarse a sus juegos íntimos, no hace más que imitar los del universo. Así pues, sería natural que las múltiples combinaciones gráficas del *I Ching* se hubieran prestado, de una manera extraordinariamente adecuada, a la ordenación y la clasificación de todos los hechos cosmológicos, sociales o psicológicos que la experiencia humana puede registrar. Construidos a partir de estas dos intuiciones fundamentales de lo real, la de lo positivo y la de lo negativo, lo masculino y lo femenino, los hexagramas debían permitir de modo natural la coagulación de las imágenes y de los pensamientos que, de una forma u otra, se les pueden asociar.

Este punto de vista es tanto más verosímil cuanto que, al examinar las imágenes y las reflexiones que, con el transcurso de los siglos, se han aglomerado alrededor de los ocho trigramas fundamentales, uno repara, después de una sorpresa debida a unos modos de pensamiento que nos son poco familiares, en lo espontáneas que parecen una vez que se reflexiona sobre las condiciones reales de la civilización china, en cuán accesibles son para nosotros la mayoría de ellas, en la medida en que las condiciones de esta civilización fueron próximas a las que conoció Occidente y, más aún, en hasta qué punto las formas gráficas que permitieron su agrupación siguen fascinando el espíritu moderno, y captando y clasificando las imágenes y las reflexiones propias de nuestra experiencia presente, que los redactores del *I Ching*, por fuerza, no conocían. En un cuadro expuesto en la nota siguiente, el lector encontrará la lista de los símbolos asociados por la tradición china a los ocho trigramas fundamentales.[8] Algunos de estos símbolos solo se explican por las condiciones particulares de la civilización china y no se corresponden en absoluto con ningún recuerdo de un occidental que desconozca esta civilización. Son los casos del jade, el bambú, la concubina y, en cierta medida, el dragón. Esto quiere decir que son poco numerosos. La mayoría, por el contrario, evocan hechos, objetos o acontecimientos cuyo significado universal es evidente, aun cuando la mayoría de las veces se refieran a unas condiciones arcaicas o rurales de la civilización. En mi estudio «L'Archétype du père dans le *Livre des Mutations*»,[9] he mostrado hasta qué punto los símbolos asociados por la tradición china al primer hexagrama (que no es otra cosa que la repetición del primer trigrama *K'ien*) siguen estando llenos de sentido para nosotros. Pero una exégesis semejante se puede realizar con cada trigrama y cada hexagrama. Una vez en posesión de las claves que se la permitan, el lector podrá efectuarla por su cuenta. Pero vemos así que tanto a los símbolos propiamente chinos como a los arcaicos universales asociados por el *I Ching* a las diferentes formas gráficas que lo constituyen se les podrían añadir, con la misma ra-

19

zón, símbolos pertenecientes a la tradición occidental o a las condiciones de la vida moderna. En el estudio que dediqué a una «Interrogation du *I Ching* sur le narcissisme»,[10] se puede ver que los símbolos tradicionales asociados al trigrama *K'àn*, el Hijo segundo, encuentran correspondencias inesperadas en algunas investigaciones psiquiátricas modernas. Pero no hay que poseer formación en una ciencia psicológica particular para comprender, por ejemplo, que si los chinos asocian al trigrama *Kwùn*, la Madre, la idea de gran carruaje, podemos añadir a sus asociaciones las imágenes del automóvil, el vagón, la iglesia, el navío y, de una manera general, de todas las formas huecas que aparecen en los sueños de un hombre moderno y que evocan en cierto modo el vientre materno. Del mismo modo, si los chinos asocian al trigrama del Hijo segundo la imagen de los carruajes defectuosos, tendríamos el derecho de añadirle la de los coches de ocasión que hacen felices a los adolescentes.

Ciertamente, tal punto de vista nos aleja de las discusiones históricas y lingüísticas relativas al *I Ching*, que, como es de suponer, no faltan. No hay ninguna traducción del *Libro de las Mutaciones* que pueda pretender ofrecer un reflejo exacto del original. Todas las versiones difieren sensiblemente unas de otras, pero esta diversidad no se debe a la negligencia o a la incapacidad de los traductores. Se encuentra en la mayoría de las traducciones del chino y se debe al carácter de esta lengua, a su naturaleza ideográfica y a la distancia que separa la lengua escrita de las lenguas habladas. Además, estas dificultades son mayores para el *I Ching* que para cualquier otra obra, pues este libro no es tanto la obra de un pensador que desarrolla sus pensamientos con lógica como un aglomerado de sentencias y máximas cuyas imágenes fueron extraídas de un fondo de experiencias populares que en parte nos son desconocidas. De ahí que el *Libro de las Mutaciones* se considerara durante mucho tiempo una compilación inutilizable e incomprensible de fórmulas mágicas, una especie de abracadabra indigno de un espíritu occidental.

Huelga decir que no es así, y que tanto la traducción antigua de Charles de Harlez al francés (1889) como la más reciente de Richard Wilhelm al alemán dan la impresión de ser un conjunto perfectamente coherente y cuyo acceso no ofrece mayor dificultad que la de toda obra arcaica, para cuya comprensión son indispensables algunas claves fundamentales y algunos conocimientos históricos. De todas formas, me ha parecido deseable reducir en la medida de lo posible el texto del *Libro de las Mutaciones* a su núcleo esencial y aligerarlo de la multitud de comentarios que se le han añadido con el paso del tiempo. Cuanto más se alejan estos comentarios del texto primitivo, más nos arrastran por los meandros de un pensamiento propiamente chino en sus interpretaciones escolásticas. Como nuestra intención es, por el contrario, destacar la universalidad del *I Ching* y poner de relieve las situaciones arquetípicas sugeridas por sus fórmulas gráficas, era natural que nuestras preferencias recayeran en una traducción que restableciera el texto en su pureza original y lo aligerara de los comentarios demasiado eruditos. Por lo demás, me parece que el valor del *I Ching* se encuentra más en sus signos gráficos que en su texto; este último solo es apasionante en la medida en que muestra una primera conjunción de estos signos con una reflexión filosófica particular. Pero, en último término, se podría concebir, sobre la base inalterada de los ocho trigramas y los sesenta y cuatro hexagramas, un nuevo *Libro de las Mutaciones* que extrajera su lenguaje y sus símbolos de una experiencia occidental o de la de cualquier otra civilización. Estos nuevos *Libros de las Mutaciones* coincidirían ciertamente con el texto chino en lo que respecta al significado profundo de cada signo gráfico, pero lo harían con unas fórmulas que nos serían familiares y no exigirían la exégesis a menudo laboriosa a que obliga el texto chino.

La traducción de Charles de Harlez no posee la brillantez ni la monumentalidad que Richard Wilhelm consiguió conferir a su versión. Harlez no es poeta. Su verbo es a menudo apagado y mediocre; su imaginación, escasa. Pero es concienzudo en sus realizaciones, y estas están marcadas por una exigencia crítica que corresponde al espíritu latino y cuyas huellas son menos evidentes en Wilhelm. Este apenas se resiste al encanto del *Libro de las Mutaciones*. Se inscribe más en su corriente y participa en especulaciones filosóficas y metafísicas que el temperamento germánico aprecia más que ningún otro. Presenta el *I Ching* tal como una tradición milenaria lo ha ordenado e interpretado.[11] En ningún momento trata de mostrar lo que fue el texto primitivo antes de las modificaciones y las interpretaciones que le aportaron el rey Wên y su hijo, el duque de Zhou. Su veneración es tal que sus propios comentarios, que ocupan dos tercios de la edición alemana, no hacen más que prolongar las interpretaciones de la tradición china, aunque sin discutirlas. Charles de Harlez, por el contrario, la toma con estas interpretaciones con el fervor de un iconoclasta y una exigencia racionalista que solo podía manifestar un jesuita en China. Preocupado por descubrir en una obra sagrada no cristiana las huellas de una inspiración sobrenatural que, según él, solo la Biblia posee, se enfrentó con el *I Ching* a la manera de Renan con el Evangelio. Quiso demostrar a toda costa que los chinos habían perdido el sentido profundo del *Libro de las Mutaciones*, que, en origen, este solo era una compilación de reflexiones filosóficas y gramaticales, una especie de repertorio de sabiduría cuyo sentido se había deformado a causa de un uso y unos comentarios adivinatorios que se introdujeron en fechas posteriores.[12] Por consiguiente, lo considera el fruto de la degeneración y la necedad, y eso, en la época de la psicología del inconsciente, más que convencer hace sonreír. Pero, mientras cabalgaba sobre los grandes caballos de un racionalismo estrecho y anticuado, Charles de Harlez llegó de paso a poner plenamente de relieve un hecho histórico de gran importancia, que no discuten ni Wilhelm ni Yuan Luang: la modificación profunda que aportaron al estado primitivo del *I Ching* el rey Wên,[13] que le añadió las sentencias augurales, y su hijo, que dividió el texto original para adaptarlo a cada uno de los seis trazos de los hexagramas. Según Lopi, autor chino, historiador de los Song y transmisor fiel de las traducciones antiguas, «cuando Wen Wang [el rey Wên] fue encarcelado en Yu Li, hizo uso [del *I Ching*] para la adivinación, introdujo en gran número y de manera fraudulenta [como una rata] las palabras que indicaban los pronósticos; alteró los números correspondientes para fijar y regular el juego de las varillas adivinatorias a fin de que los que se sirvieran de ellas pudieran sacar pronósticos. Después de esto, se empezaron a comentar las explicaciones. Por eso se le llama el I de los Zhu o, mejor dicho, los cambios hechos por Zhu».[14] El descubrimiento de semejante suceso puede inducir a que pongamos cierta distancia respecto al carácter mágico de una obra que podría impresionar en exceso a las inteligencias poco críticas. Refuerza la idea, ya expresada, según la cual las fórmulas gráficas del *I Ching* son más importantes que los textos que las acompañan.

Pues lo que queda, y de lo cual Charles de Harlez no vio ni el alcance ni el significado, es el hecho histórico de la confluencia de un texto filosófico y un sistema adivinatorio que, como apuntan todos los indicios, hasta aquel momento habían seguido cada uno su camino particular. Es también el hecho filosófico del encuentro de todas las corrientes del pensamiento chino alrededor del *I Ching*, que, a partir de esta reunión, se convirtió verdaderamente en su vía central.[15] Semejante fenómeno es único en los anales de la literatura y de la filosofía mundiales. Imaginemos por un instante que el juego del tarot (utilizado en Occidente como medio de adivinación, por lo demás muy sumario y primitivo) se hubiera encontrado con el Evangelio, con la *Suma* de santo Tomás de Aquino o con

23

el *Zaratustra* de Nietzsche, y que hubiera habido algún rey Wên encarcelado para dividir uno de estos grandes textos y adaptar sus fragmentos a cada una de las cartas del tarot, y aun así tendremos una imagen imperfecta de lo que sucedió en China a consecuencia de las operaciones «fraudulentas» de los príncipes de Zhu.

Por este motivo no hemos creído necesario reproducir la presentación que Charles de Harlez hizo de este volumen, pese a haberlo traducido. Su espíritu está manifiestamente superado y, en nuestra época, parecería impregnado de una imperdonable ingenuidad. Tampoco hemos creído que se pueda prescindir por completo de la interpretación que la tradición le da al *Libro de las Mutaciones*: esta constituye un hecho histórico y psicológico y sería absurdo no ver su importancia. Para evitarle al lector una lectura farragosa y conservar el carácter introductorio del presente volumen, no se han reproducido los comentarios chinos ajenos al texto primitivo. Sin embargo, hemos añadido a la traducción de Charles de Harlez unas breves notas que, hexagrama a hexagrama y, a veces, trazo a trazo, se esfuerzan por destacar lo esencial de estos comentarios, tal como los presentan, de manera especial, Richard Wilhelm y el maestro Yuan Luang. El lector contará así con la doble ventaja de poseer el texto del *I Ching* en su pureza original y de poder apreciar, con una distancia crítica suficiente, la esencia de las interpretaciones, a veces contradictorias, que se le aplicaron a partir del momento en que se hizo de él un libro adivinatorio.[16]

Como es evidente, nos queda por ver en qué consiste esta adivinación, por qué puede interesar al hombre de nuestro tiempo y qué podemos pensar de todo ello. He explicado al principio de este ensayo cómo se elaboraron los hexagramas y se constituyó el sistema cerrado de los sesenta y cuatro kuas a partir de la combinación de los dos trazos positivo y negativo. Hemos visto hasta qué punto cada kua encuentra su sentido mediante la confrontación de los dos trigramas que lo constituyen. En el origen, y por lo que sabemos de ello, la adivinación se basaba exclusivamente en el sentido general del hexagrama y de los trigramas que lo componen. No se tenía en cuenta un significado particular de los trazos. Solo después del reinado de Wên se elaboró un sistema más complicado y refinado. Se pretendió atribuir a cada trazo un sentido adivinatorio preciso que formuló la división del texto primitivo del *I Ching*. Pero, como esta división era a menudo artificial y solo daba lugar a frases a veces confusas, se adquirió la costumbre de interpretarlos de acuerdo con unas reglas generales basadas en la posición de los trazos en el interior del hexagrama. Este se concibió como la constelación de una situación determinada, cada uno de cuyos aspectos debían expresar los trazos. Para Charles de Harlez, con ello no salimos de un catálogo de reflexiones referidas cada vez a un tema filosófico particular. Pero, para los artesanos de la adivinación, cada una de estas reflexiones correspondía a un estado inscrito en un dinamismo específico y una cualidad particular de la energía. El conjunto de los seis trazos se consideró a partir de entonces como una situación en movimiento, en la que el primer trazo expresaba el nacimiento y el estado germinal, mientras que el último describía su término y su estado de ocaso. Así pues, desde el primer trazo hasta el sexto, el hexagrama se consideraba la representación de un estado psicológico y de los sucesos que le correspondían, desde su inicio hasta su final, pasando por su madurez y su plenitud. En este sentido, los trazos primero y sexto se situaban en cierto modo fuera del problema considerado, pues, en el primer caso, se trataba de un germen que aún no se había manifestado en la apariencia de los acontecimientos, mientras que en el último se trataba de un aspecto de las cosas que ya se había retirado de ellas. Del mismo modo, y a causa de un simbolismo de los números que confería la cualidad positiva a las cifras impares y la negativa a las pares, se atribuía en principio la solidez a los trazos primero, tercero y quinto, y la debilidad al segundo, cuarto y sexto. Si el hexagrama obtenido por la operación adivinatoria presentaba trazos negativos en los lugares impares o trazos positivos en los pares, estos trazos se consideraban inadecuados o incompetentes, lo que, salvo excepciones, redundaba en un presagio desfavorable. Por último, se tenía en cuenta una afinidad de estado o de estructura psicológica entre ciertos rasgos que solo se reconocía entre los trazos sólidos y los trazos débiles; es decir, entre el primero y el cuarto, el segundo y el quinto, y el tercero y el sexto. La correspondencia del segundo y el quinto se consideraba la más importante, ya que se refería al vínculo de los dos lugares situados en el centro de los trigramas constitutivos del kua. Estos dos lugares se referían a la relación correcta de súbdito a soberano, de empleado a patrón, de hijo a padre, de esposa a esposo. Se observará a este respecto que, en la tradición china, el súbdito, el empleado, el soldado o el hijo tenían asignado un índice femenino con relación al soberano, el patrón, el jefe o el padre, al igual que la mujer respecto al marido. Si el quinto trazo era el del soberano, el cuarto resultaba ser el del ministro que se dirige a él. En cuanto al tercero, que ocupaba el lugar más elevado del trigrama inferior, expresaba una posición esencialmente transitoria, mientras que el segundo, además de los significados ya vistos, podía aludir al funcionario de provincias o al ministro residente colonial en relación, sin embargo, directa con el príncipe.

Los chinos tomaban en consideración muchas otras correspondencias para la interpretación de los trazos del hexagrama, aunque acabamos de exponer lo esencial. Y resulta fácil ver que fueron la consecuencia lógica de aquella especie de diversión superior de la que hablábamos al principio de este estudio y que, a partir de las intuiciones primeras del yin y el yang, desembocaron en la constitución de los ocho trigramas fundamentales y de los sesenta y cuatro hexagramas. Vemos también que eran susceptibles de permitir una interpretación de las formas gráficas con independencia del texto que las acompaña. Sin duda, para unos occidentales como nosotros, poco familiarizados con las sutilezas de estos juegos, una interpretación que vaya más allá del sentido general del hexagrama, la relación de los trigramas constitutivos y el movimiento general de los trazos, tiene el peligro de hacer aparecer el *Libro de las Mutaciones* como un delirio particularmente refinado, como una locura llevada hasta sus recovecos más secretos por una lógica implacable y desligada de lo real.

Habría delirio, en efecto, si el uso adivinatorio del *I Ching* hubiera desembocado en absurdidades. Pero parece realmente que no ha sido así. Y Carl Gustav Jung pudo escribir, después de haberlo experimentado, que la respuesta proporcionada a sus preguntas era «tan razonable y llena de sentido común que habría sido difícil imaginar otra mejor». Y añadía: «Si un ser humano me hubiera dado tales respuestas, yo, como psiquiatra, no habría podido declararlo sino mentalmente sano; no habría sido capaz de descubrir en el material que se me presentaba nada que fuera delirante, absurdo o esquizofrénico».[17] A título personal, no puedo sino confirmar esta impresión que, es cierto, solo puede resultar de una experiencia vivida. Si bien el *Libro de las Mutaciones* puede aparecer, tal como subrayaba Charles de Harlez, como un libro de sabiduría perfectamente comprensible fuera de su uso oracular, este parece tener que desvelar dimensiones nuevas y llenas de interés. No es difícil imaginar que el sentido de una fórmula gráfica del *I Ching* o del texto que la acompaña debía adquirir un relieve muy diferente dependiendo de si era el fruto de una simple meditación impersonal y académica o el resultado de una respuesta del oráculo a una pregunta relativa a la vida real de quien la hacía. Desde un punto de vista psicológico, esta implicación del interrogador en su pregunta solo podía hacerle aparecer la respuesta obtenida como palabra viva. De modo que entre el conocimiento libresco del *I Ching* y su conocimiento experimental debía existir la misma diferencia que entre el amor y un discurso sobre el amor, entre la filosofía de la vida y la vida misma.

En China, la operación adivinatoria se efectuaba las más de las veces de dos maneras: mediante cincuenta varillas o palillos vegetales,[18] o con tres monedas. Se observará que no exigía ningún estado de trance, análogo al que se requería en Delfos o en Dodona. Una meditación tranquila, una concentración serena en el problema evocado, eran las únicas condiciones psicológicas exigidas. Se consideraba que el manejo de las varillas adivinatorias era el único «médium» entre la pregunta formulada y la respuesta obtenida.[19] Antes de interrogarnos sobre la naturaleza de este médium, es importante preguntarse cuál podía ser la de la propia respuesta. Como es sabido, el oráculo la proporcionaba en forma de un hexagrama, e incluso de dos, ya que, según las cifras obtenidas con el manejo de las varillas o el lanzamiento de las monedas, el kua adivinatorio se veía constituido por trazos «viejos» inmóviles y trazos «jóvenes» que, al transformarse en su contrario, daban lugar a la elaboración de un nuevo hexagrama, llamado de mutación. Mientras que se consideraba que el hexagrama adivinatorio describía la situación presente y sus posibilidades próximas, el de la mutación evocaba sus transformaciones a más largo plazo. El consultante se encontraba, pues, en presencia de dos formas gráficas distintas y de los textos que les correspondían, cuyas relaciones debía estudiar. En cuanto a los trazos, y en la medida en que se sentía suficientemente familiarizado con el *I Ching* como para poder ir más allá de una interpretación del sentido general de los hexagramas y de sus trigramas constitutivos, solo estaba obligado a considerar la relación de los trazos mutantes o mutados. Huelga decir que, al principio al menos, solo el texto debía retener la atención y que una experiencia más larga era indispensable para captar el sentido de la forma gráfica en su desnudez. Tal como confirmarán quienes posean la experiencia del *I Ching*, la respuesta obtenida de este

28

modo debía de aparecer las más de las veces con una claridad extraordinaria y, a veces, turbadora. En la medida en que podemos reconstruir semejante experiencia, se puede decir que debía de provocar impacto por el hecho mismo de reconocer algo que ya se encontraba en el interrogador, pero sumergido en unas tinieblas que no permitían formularlo ni verlo. Debía de ser el descubrimiento de una dimensión que en ningún momento sentía ajena a sus profundidades pero que permanecía cerrada a una conciencia demasiado estrecha.

El reconocimiento así obtenido debía de ser, pues, ante todo el de una correspondencia viva entre la pregunta formulada y la respuesta recibida, entre la naturaleza del problema planteado y la descripción que de él ofrecía el *I Ching*. Esta respuesta y esta descripción eran siempre más amplias que la pregunta planteada; revelaban aspectos inesperados de la situación, que había olvidado el consultante o cuya importancia no percibía, y que la resituaban en una perspectiva de conjunto, a la vez social y colectiva. Un extranjero que se propusiera un negocio arriesgado y fuera demasiado propenso a olvidar su condición de extranjero podía recibir, como respuesta a una pregunta que le parecía puramente afectiva o comercial, el hexagrama del viajero, del errante, y ver así cómo se le recordaban los límites y las posibilidades reales de la condición del que se encuentra fuera de su patria. Alguien con una gran ambición pero escasos medios se arriesgaba mucho a recibir el hexagrama de la modestia o el de la oposición, que le recordaban su realidad y le mostraban más apto para las cosas pequeñas que para las grandes. Y, a la inversa, al hombre que dudaba demasiado de sí mismo se le podía recordar que le faltaba adquirir la perseverancia de un guerrero intrépido y que su humildad era excesiva. Quien creyera entrar en un asunto por la puerta grande se arriesgaba a obtener el hexagrama de la concubina y ver cómo lo instaban a comportarse respecto a los dirigentes de la empresa en que penetraba con la prudencia y la modestia de una concubina que se dirigía a la primera esposa del dueño de la casa. Y a quien daba pruebas de demasiada ligereza en sus preguntas, el oráculo podía responderle brutalmente con el hexagrama de la estupidez juvenil y tratarlo de impertinente.

Vemos, pues, que las respuestas del *I Ching* correspondían menos a una profecía que a la descripción de una situación total, de sus posibilidades e imposibilidades. En mi estudio sobre el arquetipo del padre, intenté mostrar de una manera más concreta cómo, en el interior del hexagrama *K'ien*, cada uno de los trazos expresaba una de estas posibilidades o imposibilidades. La adivinación por medio del *I Ching* presentaba, pues, pocas relaciones con la que solemos imaginar y que pretende revelar un destino ineluctable. Si una vidente nos anuncia que al cabo de ocho días recibiremos la herencia de un tío de América o que durante el año morirá nuestra suegra, no hay más, tal como señalaba R. Wilhelm, que sentarse tranquilamente y esperar que los acontecimientos ocurran, o no ocurran. Pero el oráculo chino nunca presentaba un destino inevitable. Decía más bien lo que iba a suceder si se adoptaba determinada actitud, si se emprendía determinada vía. Descubría el desarrollo probable de una situación que uno era todavía libre de modificar en cierta medida. La multiplicidad misma de los posibles que se revela tanto en el hexagrama adivinatorio como en el de la mutación era en sí misma una invitación a la reflexión y la elección. No hacía más que añadir a los elementos de los problemas revelados por un estudio racional y consciente unos elementos nuevos que emergían de profundidades misteriosas e irracionales y que, sin duda, no eran más que las propias profundidades inconscientes del consultante. Mostraba el germen de un devenir que, todavía invisible y reducido al estado de infinitamente pequeño, podía aún podía ser aceptado o rechazado y podía llegar a constreñir desde el momento en que el consultante lo hubiera dejado crecer dentro de sí y hubiera transferido todos sus efectos al mundo visible. Si el *I Ching* hacía previsiones, era, pues, en la medida en que las tendencias inconscientes del hombre determinan los acontecimientos exteriores, los provocan o, al menos, se corresponden con ellos. Una vez más, su teoría de la adivinación remite a la idea ya enunciada: la identidad de estructura entre el mundo visible y el invisible, entre el macrocosmos y el microcosmos, entre el alma y el acontecimiento.

El occidental moderno se preguntará si la correspondencia entre la pregunta planteada y la respuesta del oráculo, al igual que el posible reconocimiento de sus previsiones en el desarrollo ulterior de los acontecimientos, habrían podido prestarse a una verificación científica. Pero, aparte de que el problema de tal verificación fue siempre ajeno a la mentalidad china, hay que insistir en que la correspondencia y el reconocimiento de que se trata nunca han pertenecido más que a la subjetividad del que los constataba. Solo podían, pues, ser verdaderos o evidentes en el seno de esta subjetividad. Y esto hasta el punto de que el mismo sentimiento de correspondencia sin duda se habría podido experimentar con relación a un hexagrama diferente del obtenido, pero no con relación a cualquier otro hexagrama. Era la subjetividad del consultante la que elegía en las formas gráficas y en los textos correspondientes lo que le parecía corresponder a su iluminación. Y si, por un deseo de experimentación, intentáramos hoy verificar el oráculo haciéndole, por ejemplo, dos veces la misma pregunta, no cabría sino decepcionarse por la diversidad de las respuestas. Pues, tal como observa Carl Gustav Jung, la respuesta del oráculo no puede ser sino única, porque expresa el estado del consultante y la situación correspondiente en el momento en que se plantea la pregunta. Estos son también únicos, y nunca es posible reconstituirlos. El momento en que se hace la pregunta por segunda vez ya es diferente del de la primera: tanto el estado interior como la situación exterior se han transformado, de modo que la respuesta que puede corresponderles debe ser también diferente.

¿Quiere ello decir que esta subjetividad del reconocimiento no reposaba en ninguna realidad sólida? La mera idea es absurda. El hecho subjetivo de un significado es, en último término, el que se impone más al hombre. Es de una verdad de la que no se puede escapar mientras no se administre la prueba de su absurdidad. Ahora bien, esta prueba es inaccesible por cuanto la verificación de la correspondencia no puede someterse a las leyes de la causalidad, a las que se sustrae por naturaleza. Jung propuso considerar estas correspondencias como «coincidencias sensatas», es decir, como acontecimientos sincrónicos a los que las leyes de la causalidad no pueden aplicarse. Según el maestro suizo, estos se caracterizan a la vez por el significado evidente, y a menudo turbador, que poseen para quien los vive y por lo imposible que resulta reconstituirlos de una manera experimental y someterlos a una verificación causal. Su punto de vista, en el que colaboró el gran físico Pauli, se basa en una constatación que los progresos de la física han hecho evidente: lo que llamamos leyes naturales no son más que verdades estadísticas de las que necesariamente existen excepciones. Los acontecimientos sincrónicos son excepciones de estas, que, sin embargo, se distinguen de los hechos del azar por el significado que les encontramos.

De la misma manera que el suceso microfísico incluye al observador, las respuestas del *I Ching* podrían explicarse por el hecho de que la totalidad de las condiciones psíquicas del consultante volvían a encontrarse en la situación expresada por el hexagrama. Y estas condiciones psíquicas se verificaban en el manejo mismo de las varillas vegetales o de las monedas, en la manera de separar los haces, de modo que en «el instante» de la consulta todo debía ser revelador de estas condiciones, incluidos la varilla que caía al suelo o el haz que se escapaba de las manos del operador. Habría que investigar en la unidad psicosomática del individuo por qué una operación aparentemente tan absurda como el manejo de unas varillas vegetales pudiera servir de «médium» entre la pregunta planteada y la respuesta obtenida.

Sin duda, este tipo de reflexiones les habrían parecido muy extrañas, e incluso escandalosas, a los comentadores tradicionales del *I Ching*, para quienes el «médium» del que hablamos era sobrenatural, se le suponían unos poderes ocultos personales. Sin embargo, el hecho de que para la mentalidad moderna este punto de vista tradicional carezca de otro interés que el histórico no debe disimular las dificultades que se le presentan a toda explicación racional del oráculo chino. En el plano empírico, el *I Ching* se revela a nuestra ciencia actual como un método de descubrimiento del inconsciente particularmente refinado y, como tal, susceptible de ser objeto de estudios e investigaciones apasionantes. Muestra hasta qué punto los espíritus más eminentes de una de las mayores civilizaciones desconfiaron de un conocimiento racional exclusivo y trataron de completarlo mediante unas «adivinaciones» más confusas, pero más profundas. Más allá del plano empírico, lleno de enseñanzas, su misterio permanece intacto. Dado que conduce a los problemas más difíciles de la articulación del inconsciente individual y colectivo, de las relaciones del hombre y el universo, merecería grandes exégesis filosóficas, si existieran todavía en nuestra época filósofos dignos de este nombre. Mientras esperamos que tales exégesis vuelvan a ser posibles, el *I Ching* no se puede ofrecer a los espíritus curiosos más que a la manera de un «documento» tan impenetrable y tan digno de atención como los hechos más imparciales de la naturaleza.

NOTAS

1. La reputación mágica del *I Ching* no se debe solo al uso adivinatorio que se hizo de este libro. Se debe igualmente, e incluso en mayor medida, a las doctrinas ocultas que en los siglos III y II a. C. pretendieron interpretarlo. En realidad, estas doctrinas eran ajenas a su inspiración inicial, y algunas de ellas ni siquiera eran originarias de China. Se expresaron, en esencia, por medio de una filosofía de la naturaleza cuyas tendencias formalistas hicieron inútiles las posibilidades científicas abiertas, a partir del siglo V a. C., por Mo Ti y sus discípulos. Rechazando la experiencia en beneficio de una transmisión estéril de los textos, esta filosofía de la naturaleza asoció el *I Ching* a un simbolismo numérico y lo encerró en un sistema de especulaciones cabalísticas que explican el origen de su reputación misteriosa.

2. «Vemos que es consultado —dice M. Calonne— en 672 a. C. por el duque Chuang, en 692 por el duque de Süen, en 661 por los Estados Tsin, Tsi, Ts'in y Lu con el duque Min; tres veces en 645, con el duque Hi; en 635, con él también; en 575, con el duque Ch'ing; en 564, con el duque Siang, y en 548, con él mismo. Vemos que se consulta en 541, 537, 535, 530, 509, 486 a. C., entre otras» (*Méthode pratique de divination chinoise par le Yi-King*, París, Éditions Vega, 1950, pág. 20).

3. Si bien la tradición china sostiene que Confucio (551-479 a. C.) ha-

bía redactado en persona algunos de los grandes comentarios que se han incluido en la parte canónica del *I Ching*, en particular los que versan sobre la decisión que incluimos en nuestra traducción bajo la rúbrica *Com. I*, varios sinólogos contemporáneos discuten esta afirmación. Charles de Harlez la niega, aunque Richard Wilhelm la considera probable. Sin embargo, está fuera de duda que estos comentarios fueron escritos en el entorno inmediato de Confucio, quien transmitió su esencia en forma de enseñanza oral.

4. En *Recherches sur les origines arithmétiques du 'Yi-King'* (Union Internationale d'Histoire des Sciences, París, 1952, págs. 234-281), el señor René Barde puso en duda la anterioridad de los trigramas con relación a los hexagramas. Según él, estos últimos serían anteriores al rey Wên, y su sistema general podría haber surgido de ocho hexagramas iniciales que él intenta determinar. Esta tesis, que no tiene en cuenta ni el hecho psicológico de la interpretación tradicional china ni el uso real que se hizo de ella, se basa en una hipótesis seductora según la cual el sistema de los kuas y las varillas adivinatorias serían los vestigios de un modo de contar y de un sistema aritmético primitivo. Pero la hipótesis del señor Barde todavía no ha podido ser confirmada.

5. A propósito del significado original del yin y el yang, en los que se ha querido ver un simbolismo sexual, Richard Wilhelm escribe: «En su significado primero, *yin* es lo nublado, lo nebuloso, lo oscuro, y *yang* significa exactamente 'banderas ondeando al sol', cosas iluminadas o brillantes. Por transferencia, estos dos conceptos fueron aplicados a los lados claros y oscuros de una montaña o un río. [...] De aquí las dos impresiones que se introdujeron en el *Libro de las Mutaciones* y se aplicaron a los dos estados primarios y alternativos del devenir» (*I Ging, Das Buch der Wanlungen*, Múnich, Eugen Diederichs Verlag, 1956).

6. En su *Anthologie de la littérature chinoise* (París, Delagrave, 1932, pág. 7), Sung-Nien Hsu, quien subraya la imprecisión de las cronologías chinas, menciona la fecha de 4247 a. C. como la de la invención de los ocho trigramas por Fu Hi.

7. Kaltenmark, Max, *Littérature chinoise*, en *Histoire des littératures, Encyclopédie de la Pléiade*, París, La Pléiade, 1955, pág. 1165.

8. La mayoría de los símbolos en cuestión se indica en uno de los comentarios del *I Ching* presente en el texto canónico, titulado *Shuoh kua* ('Explicación de los kuas' o 'signos adivinatorios'). Richard Wilhelm publicó este comentario en la traducción alemana ya mencionada. A esta edición se refieren las paginaciones que siguen. A los símbolos mencionados en el *Shuoh kua* hemos añadido algunas imágenes que propuso el maestro Yuan Kuang en su *Méthode pratique de divination chinoise par le Yi-King* (1950) y que son las utilizadas por la tradición taoísta.

Símbolos asociados a los ocho trigramas constitutivos

1.   ☰   *K'ien* es el Cielo, el padre, el príncipe, el jade, el oro, el frío, el hielo, el rojo oscuro, el círculo, un buen caballo, un caballo viejo, un caballo flaco, un caballo salvaje y el árbol frutal (Wilhelm, pág. 255).

    Es también el dragón, la piedra preciosa y el árbol seco (Yuan Kuang, pág. 23).

    Corresponde al sur y al verano (ibíd., pág. 247).

    Sus virtudes son la fuerza invencible, el poder y la ascensión (ibíd., pág. 26).

    Tiene el sentido de potencia productora y de fuerza inagotable (Harlez).

2.   ☷   *Kwùn* es la Tierra, la madre, el vestido, la parsimonia, la nivelación, la vaca con su ternero, un gran carruaje, la forma o la apariencia, la multitud, el tronco y el color negro (Wilhelm, pág. 256).

    Corresponde al norte y al invierno (ibíd., pág. 247).

    Es también el hacha, el amarillo, el cuadrado, el saco y la mosca (Yuan Kuang, pág. 24).

    Sus virtudes son la sumisión, así como un poder receptivo, que contiene y produce por excitación (Harlez).

3.   ☳   *Tchen* es lo Excitante, el hijo mayor, el trueno, el dragón, el color amarillo oscuro, la expansión, la carretera principal, el carácter decidido y violento, el bambú joven y verde, la caña y el junco.

37

Es también el caballo que relincha bien, el caballo de patas posteriores blancas, el caballo al galope, el caballo con una estrella en la frente y, entre las plantas cultivadas, las leguminosas.

Es todo lo que es fuerte y crece con exuberancia (Wilhelm, pág. 256).

Corresponde al noroeste, al final del invierno y el comienzo de la primavera (ibíd., pág. 247). Es, por último, el movimiento, los pies, la agitación, la sacudida, el rayo, el retorno a la vida, el tambor, el cuervo y la precipitación (Yuan Kuang, pág. 23).

4. ☴ *Sún* es la Gentileza, la hija mayor, la madera, el viento, la norma, el trabajo, el blanco, lo largo, lo alto, la ofensiva y la retirada, la indecisión y el olor.

Es también el pelo gris, la frente amplia, los ojos en que domina el blanco, la vehemencia y el hombre que cierra un trato de tres veces su valor (Wilhelm, pág. 237).

Corresponde al sudoeste, al final de la primavera y al principio del verano (ibíd., pág. 249).

Es, por último, el acto de entrar, la gallina, el muslo y la trama de la tela (Yuan Kuang, pág. 23).

5. ☵ *K'ân* es el Abismo, el hijo segundo, el agua, el foso lleno de agua, las trampas, los caminos apartados y estrechos, el arco y la rueda. Entre los hombres, es la melancolía, el corazón y los oídos enfermos.

Es también la sangre y el color rojo, los caballos de bella montura, los caballos salvajes y valientes, los que tienden la cabeza, los que tienen cascos ligeros, los que tropiezan, los carruajes defectuosos, la penetración, la luna, los ladrones y, entre las diferentes maderas, las que son duras y tienen mucha savia (Wilhelm, pág. 257).

Corresponde al oeste y al otoño (ibíd., pág. 247).

Es, por último, el acto de caer, lo secreto, lo oculto, una causa de dolor, las calamidades, la habitación interior, la posibilidad y el zorro.

6. ☲ *Lî* es la Llama, la hija segunda, el sol, el relámpago, la cota de malla, el arma y la lanza, la gran barriga, la sequedad, la tortuga, el cangrejo, el caracol, la babosa, el mejillón, y el árbol de extremidades fuertes y nudosas (Wilhelm, pág. 258).

Corresponde al este y a la primavera. Sus virtudes son la belleza, la elegancia y la claridad de la inteligencia (Yuan Kuang, pág. 26).

7. ☶ *Kán* es la Montaña, el hijo menor, la detención, una vía secundaria, piedras pequeñas, las puertas y las aberturas, los frutos y las semillas, los eunucos y los policías, los dedos, el perro, la rata, las diversas especies de aves de pico negro y los árboles firmes y nudosos (Wilhelm, pág. 258).

Corresponde al noroeste, al final del otoño y al principio del invierno.

Es también el monje, la nariz, la solidez y la puerta cerrada (Yuan Kuang, pág. 24).

8. ☱ *Tui* es el Agua estancada, la hija menor, el lago, la bruja, la boca y la lengua, la ruina y la destrucción, el abandono y la explosión, los suelos duros y salados, la concubina y la cabra (Wilhelm, pág. 259).

Es también la satisfacción, la marisma, el deber, la decisión en la unión o la separación, y la dureza (Yuan Kuang, pág. 24).

9. *La Tour Saint-Jacques*, julio 1956, págs. 37-53.

10. *La Tour Saint-Jacques*, 11-12, julio-diciembre 1957, págs. 129-142.

11. La traducción de Richard Wilhelm se basa en una de las ediciones más recientes del *Libro de las Mutaciones*, llamada *Chou I Chê Chung*, que data de principios del siglo XVIII.

12. En un estudio publicado en *Asia Major* (Leipzig, 1932, vol. VII, *Yih King Studien*, págs. 409-468), A. Conrady adopta un punto de vista análogo al de Charles de Harlez y defiende la tesis de que, en su origen, el *I Ching* no habría sido más que una especie de diccionario o de léxico gramatical. En cambio, Arthur Waley («The Book of Changes», *Bulletin of the Museum of Far Eastern Antiquities*, 5, Estocolmo, 1933, págs. 121-142) ha

defendido que el *Libro de las Mutaciones* sería la amalgama de dos obras enteramente distintas en su origen, ambas adivinatorias pero surgidas en épocas y de medios sociales diferentes.

13. El rey Wên, príncipe de Zhou, fue encarcelado por el tirano Zhou de Shang, el último de los Yin, de 1092 a 1090 a. C. Su hijo Wuh Wang venció a Zhou, y el príncipe desposeído subió al trono. El hermano de Wuh Wang, Zhou Kong, hizo del *I Ching* el libro adivinatorio de la nueva dinastía y completó las modificaciones que le había aportado su padre.

14. Citado por Charles de Harlez en el *I Ching*, pág. 23.

15. Hemos indicado a este respecto la parte que corresponde a Confucio y a sus discípulos en la redacción de algunos comentarios del *I Ching*. No es menos sabido que Lao Tse conoció la obra y se inspiró en ella. Aunque con la escuela confuciana las especulaciones filosóficas dominaron la interpretación del *Libro de las Mutaciones*, este último fue el único de los clásicos confucianos que se libró del auto de fe que les infligió, según la leyenda, el fundador de los Ts'in en el año 213 a. C. Este hecho, por sí solo, muestra hasta qué punto el *I Ching* se situaba fuera y por encima de las diversas tendencias filosóficas, a las que por otra parte alimentaba y cuya autoridad invocaban estas. Con el paso de los siglos, estas tendencias se sucedieron y opusieron, sin llegar a alterar nunca la autoridad de la obra. Esta, durante las dinastías Ts'in (246-207 a. C.) y Han (206 a. C.-220 d. C.), fue presa de los magos *(fang shih)*. La teoría del yin-yang dominó su interpretación por aquel entonces. En el siglo III, Wang Pi le devolvió al *I Ching* su condición de libro de sabiduría y relegó a un segundo término los puntos de vista mágico y adivinatorio. Las tesis de su escuela desembocaron en la época de los Song (960-1279) en la doctrina llamada *t'ai ki t'u* y entonces se subrayó el carácter del *I Ching* como libro de filosofía de la vida. No obstante, todavía en el siglo XII, Chu Hsi publicó una nueva introducción a su uso adivinatorio y lo rehabilitó como oráculo. Durante la última dinastía, el *I Ching* fue objeto de los estudios de la escuela de crítica histórica, y en el periodo Kang Hi

(1662-1722) se publicó la última edición en la que sería la forma clásica de las «Diez Alas», que explicamos en la nota sobre la ordenación de nuestra traducción.

16. En una nota que precede al texto de Charles de Harlez, el lector encontrará las precisiones necesarias sobre la cronología y la estructura de las diferentes partes del *I Ching*, así como sobre la manera en que está dispuesta la traducción presentada en este volumen.

17. C. G. Jung, *The I Ching or Book of Changes* (introducción), Londres, Routledge and Kegan Paul Ltd., 1951, vol. I, pág. XIX.

18. He aquí, según Yuan Kuang, las diversas operaciones exigidas para la consulta del oráculo mediante las varillas adivinatorias:

1. El consultante tiene en la mano 50 varillas (la Gran Suma del *I Ching*) e inmediatamente debe separar una que representa el Uno primordial, fuera de la manifestación, que no participa en las mutaciones de esta manifestación.

2. Apoya el extremo de su haz de 49 varillas, que sostiene con la mano izquierda, en la frente y, dirigiéndose con respeto al *I Ching* como entidad viva, le plantea mentalmente y de forma clara el asunto sobre el que lo consulta.

3. Cuando una especie de estremecimiento le recorre el cuerpo, hunde el pulgar izquierdo en el haz que sostiene en la mano izquierda y lo divide en dos, al azar, y pensando siempre en la pregunta planteada; de este modo obtiene dos paquetes desiguales, que deposita ante sí, uno a su izquierda y el otro a su derecha.

4. Toma el paquete de la izquierda y retira de él una varilla, que coloca, por el centro, entre el meñique y el anular de la mano izquierda.

5. Sosteniendo esta varilla entre los dos últimos dedos de la mano izquierda, cuenta de 4 en 4 ese paquete de la izquierda hasta que le quedan 1, 2, 3 o 4 varillas como máximo; este resto que va de 1 a 4 varillas se coloca entre el anular y el dedo medio de la mano izquierda.

6. El operador toma entonces el paquete de la derecha y lo divide en 4, hasta que obtiene un resto de 1 a 4. El resto se coloca entonces entre el índice y el dedo medio de la mano izquierda.

7. Así, pues, el operador tiene entre los tres espacios de los dedos de la mano izquierda tres haces de varillas que pueden hacer un total de 9 o, como mínimo, 3. Escribe este total de los restos en una hoja de papel. Estas varillas se llaman «el primer resto».

8. El operador pone a un lado las varillas de los tres haces que acaba de retirar de la mano izquierda y que se consideran «el primer resto».

9. Vuelve a tomar las otras varillas anteriormente separadas de 4 en 4 y las reúne en un solo haz. Vuelve a iniciar con este haz las mismas operaciones descritas en los puntos 3 a 7.

10. Obtiene así otro total llamado «el segundo resto», formado por los restos parciales conservados entre los dedos de la mano izquierda. Este número se escribe debajo del primero y las varillas que se han guardado de este modo se ponen a un lado junto con las primeras.

11. El operador vuelve a tomar las varillas que ha eliminado de 4 en 4 en esta segunda operación y las reúne de nuevo en un haz. Vuelve a empezar por tercera vez las mismas operaciones descritas en los números 3 a 7.

12. Obtiene así un «tercer resto», número formado por los restos que sostiene en la mano izquierda después de la eliminación de las varillas de 4 en 4.

13. El operador toma las tres cifras de los tres «restos» y las suma; este total representa la suma de las varillas eliminadas en el transcurso de las tres operaciones sucesivas. Según una ley matemática, este total no puede ser más que 13, 17, 21 o 25. De ello resultan las correspondencias siguientes, que resume el cuadro que damos a continuación:

42

Total de las eliminaciones	Total de las varillas	Cifras adivinatorias	Trazos correspondientes	Valor de mutación
13	36	9-1	▬▬▬	Viejo yang
17	32	8 2	▬▬ ▬▬	Joven yin
21	28	7-3	▬▬▬	Joven yang
25	24	6-4	▬▬ ▬▬	Viejo yin

El operador puede, pues, después de la decimotercera operación con las varillas adivinatorias, colocar el primer trazo inferior del hexagrama, que corresponde a la cifra total de las eliminaciones.

Para dibujar los otros cinco trazos debe realizar de nuevo todas las operaciones de la 3 a la 13, con el fin de obtener cada vez la cifra definitiva que le permitirá transcribir el trazo continuo o discontinuo, «joven» o «viejo», cuyo conjunto constituirá el hexagrama adivinatorio. Después de seis operaciones, cada una de ellas compuesta por tres eliminaciones, obtiene, pues, los seis trazos que dibujan un kua (*Méthode pratique...*, págs. 60-63).

La noción de trazos «jóvenes y viejos», así como las cifras adivinatorias que acabamos de mencionar, se refieren a lo que los chinos denominan «el misterio de la mutación». En teoría, existen trazos cuya tensión energética es tan viva que se transforman en su contrario y dan lugar a un nuevo hexagrama llamado de mutación. Si bien el principio de esta es claro y no es objeto de ninguna discusión, hay una contradicción absoluta entre la designación de los trazos mutantes en Wilhelm y en Yuan Kuang. Mientras que para el primero son los trazos viejos los que se transforman, para el segundo son los jóvenes. Como esta transformación de los trazos solo ha sido transmitida hasta el presente por una tradición oral, es imposible zanjar el debate. No obstante, parece más lógico considerar los trazos jóvenes como trazos mutantes puesto que estos deben ser los que tienen la tensión energética más viva. Los trazos viejos son trazos carentes de esta tensión y es natural que sean arrastrados tal cual por el flujo de los acontecimientos, puesto que la rigidez es lo que caracteriza a la vejez. Sea como fuere, el punto de vista de Yuan

Kuang es el que he adoptado en mis interrogaciones personales y el que me ha parecido más significativo. Debo señalar, sin embargo, que, en el *Journal Asiatique* (París, 1897, 9.ª serie, t. IX, págs. 285-287), Charles de Harlez describe un sistema de mutación tan diferente del de Wilhelm como del de Yuan Kuang.

A partir de ahí el hexagrama de la mutación se obtiene mutando en su contrario todos los trazos jóvenes correspondientes a las cifras adivinatorias 8-2 o 7-3 y a las eliminaciones 17 y 21 (joven yin: ▬ ▬ y joven yang: ▬▬ se transforman en viejo yang: ——— y viejo yin: — —) y manteniendo tal cual todos los trazos viejos correspondientes a las cifras adivinatorias 9-1 y 6-4 y a las eliminaciones 13 y 25.

Si, por ejemplo, se obtiene en el hexagrama adivinatorio el kua 2, cuyo primer trazo sería joven:

se obtiene con la mutación el kua 24, cuyo primer trazo se ha vuelto masculino:

En cuanto a la manera en que se generan las cifras adivinatorias, el lector interesado por esta numerología encontrará una exposición de esta cuestión en el *Méthode* de Yuan Kuang (págs. 28-31 y 58-60), así como en R. Wilhelm (págs. 336-337). Hará bien en consultar también el capítulo que M. Granet dedica a los números en *La pensée chinoise* (París, 1924, págs. 173-208), así como el estudio ya citado de R. Barde, *Recherches sur les origines arithmétiques du 'Yi-King'*.

19. En el *Journal Asiatique* (París, 1897, t. IX, págs. 280-282), Charles de Harlez dio, según el *Kiuen*, unas muy bellas precisiones sobre las condiciones en las que se consultaba la suerte en la alta antigüedad china.

SOBRE LA ORDENACIÓN DE LA TRADUCCIÓN

El texto primitivo del *I Ching* fue presentado por Charles de Harlez, jesuita y sinólogo belga, ante la Clase de Letras de la Academia
Real de Bélgica el 8 de octubre de 1888 y publicado en el tomo
XLVII de los *Annales* de esta academia. Según el traductor, hay que
entender por «texto primitivo el que fue por primera vez redactado en su forma actual, es decir, repartido en sesenta y cuatro secciones, bajo sesenta y cuatro capítulos, secciones que comprenden
sentencias y frases explicativas de ciertas palabras o relativas al uso
de estos términos». Sean cuales sean los documentos anteriores
que se encuentren en el origen de este texto, este solo existió como
I Ching a partir del momento en que esta compilación fue acabada
y completada con sentencias y observaciones propias del autor. Se
trata, pues, de la obra que se encontró en las manos de quienes
hicieron de él un libro de adivinación.

En este texto los hexagramas se explican de tres maneras:

1. Mediante un carácter chino que se adjunta a cada uno de
ellos.

2. Mediante una primera explicación general de la figura hexa-
gramática.

3. Mediante una segunda explicación dividida en seis partes, cada una de las cuales lleva su número de orden con el carácter chino que representa el 9 o el 6, según se trate de una línea plena o de una línea cortada.

Los comentarios que forman parte del libro canónico son siete en total. Los tres primeros se incorporan al texto y los otros cuatro se colocan a continuación.

El primero, encabezado por las palabras *Twan yet* ('el *twan* quiere decir'),* desarrolla el primer texto o explicación de la figura completa. Sigue este texto, sección a sección.

El segundo, encabezado por las palabras *Siang yuet* ('la figura quiere decir'), tiene dos partes: una, general, que se refiere a la forma del hexagrama, sigue inmediatamente al *twan*, y la otra, que explica cada una de las seis o siete partes del segundo texto, forma un comentario perpetuo que acompaña a cada miembro del texto.

El tercero, llamado *Wen yen tchouen* ('exposición de la explicación de las palabras'), se limita a desarrollar de diferentes maneras los sentidos y las virtudes de los dos primeros hexagramas y sigue al comentario de estas dos secciones.

El cuarto, llamado *Hi tze* ('que explica los sentidos'), trata del *I Ching* en general, de su formación, de sus virtudes y cualidades, de sus significados diversos, de su historia, de su modo de empleo y del sentido de determinadas palabras.

El quinto, *Shuoh kua* ('explicación de los kuas'), tras unas observaciones generales, da los sentidos multiplicados de cierto número de hexagramas.

El sexto, *Su kua*, expone el objeto de cada sección, el sentido de la palabra que se representa en ella, y lo hace siguiendo el orden de los kuas e indicando sus relaciones mutuas.

El séptimo y último, *Tsa kua tchouen* ('exposición de los kuas

---

* *Twan*, sumario, sentencia general, designa al primer texto.

mezclados'), da estos mismos significados siguiendo un orden lógico y sin tener en cuenta las cifras de los hexagramas.

Los comentarios 1, 2 y 4 están divididos en dos secciones, lo que da seis partes o, como las llaman, las Diez Alas del *I Ching (shih yih)*.

Los comentarios 3, 4 y 5 fueron redactados bajo el imperio del sistema adivinatorio, y Charles de Harlez solo se sirve de ellos de manera ocasional. Los otros cuatro, por el contrario (1, 2, 6 y 7), conservaron casi intacto el espíritu del antiguo libro de sabiduría; las interpolaciones y modificaciones son en ellos todavía visibles. Charles de Harlez presenta su traducción, pero las alas 6 y 7, que en su trabajo se ofrecen en apéndices, no se han reproducido en la presente edición.

Aparte, pues, del hexagrama y de los textos que lo acompañan directamente, la presente traducción comprende en esencia un triple comentario: el primero trata del primer texto o de las reflexiones generales, el segundo indica la estructura del hexagrama, los trigramas y su simbolismo, y el tercero explica sucesivamente cada una de las seis partes actuales del segundo texto.

Como este tercer comentario repite, en general, cada miembro del segundo texto añadiéndole tan solo alguna explicación o reflexión, Charles de Harlez se limitó a juntar estas últimas con el texto, distinguiéndolas de este y evitando de este modo repeticiones constantes.

Estos tres comentarios se designan con las palabras: *Com. I, II* y *simbolismo. Com.* solo indica de manera global los comentarios chinos más recientes, que el traductor invoca en apoyo de sus observaciones.

La traducción de Charles de Harlez se distingue, pues, de las de Philastre y Richard Wilhelm en que no comprende las sentencias adivinatorias añadidas por el rey Wên. Además, indica las modificaciones, recortes e interpolaciones introducidos por este último y que las otras traducciones no hacen constar. Sin embargo, con el fin de responder a la intención general de esta obra y de permitir al lector hacer comparaciones críticas, hemos puesto en una nota, después de cada hexagrama, las indicaciones adivinatorias proporcionadas por Wilhelm; hemos indicado asimismo algunas de las contradicciones más manifiestas entre los diferentes textos y hemos intentado poner de relieve el sentido general de los comentarios personales de Richard Wilhelm, así como el de los comentarios del maestro Yuan Kuang,* que se refieren, ambos, en gran parte a la tradición taoísta.

R. DE B.

---

* Hay que señalar que la obra de este, titulada *Méthode pratique de divination chinoise par le Yi-King*, no presenta ninguno de los textos del *Libro de las Mutaciones* y no constituye una traducción de este. Solo se inspira en él y presenta, hexagrama a hexagrama, una interpretación, muy reveladora, por lo demás, de la corriente mágica que se apoderó de él.

A Eric Bourgeois

I CHING

KUA 1

K'ien: Principio activo, fuerza vital universal.

TEXTO I

[Es] el origen, el progreso, la consolidación y el final de los seres.

TEXTO II

1. El dragón oculto, sumergido en el abismo, es sin acción.

2. Pero aparece, se le ve en los campos. Las buenas acciones hacen ver al hombre verdaderamente superior. [La influencia de la virtud se extiende a lo lejos ventajosamente. *Com. II.*]

3. El sabio está, así, activo y vigilante todo el día; incluso por la noche está atento, vigilante, y no reposa. Si sobreviene un peligro, una dificultad, no sufrirá ninguna consecuencia molesta. [El sabio restablece siempre la vía de la justicia, la pisa y la vuelve a pisar sin cesar. *Com. II.*]

4. El dragón se agita (salta) en el abismo; está bien. (El príncipe sabio ejerce su acción sobre el mundo.) [Se extiende hacia fuera y avanza. *Com. II.*]

5. Se eleva volando en el cielo. El principio activo se eleva y produce en el cielo. [Así, el gran hombre se eleva a la altura de su misión y de sus obras. *Com. II.*]

6. Si se vuelve demasiado fuerte y dominante, habrá motivos para lamentarlo. [Demasiada buena fortuna no puede durar si no se es prudente y moderado en todo. *Com. II.*] El principio activo debe ceder al principio receptivo en momentos, o de lo contrario los seres no se reproducirán.

7. Ver numerosos dragones sin cabeza es felicidad. [Cuando el grande, el fuerte, sabe ser dulce y complaciente, es un dragón sin cabeza. Esta es una condición del éxito y de la felicidad. La altivez, la obstinación y la arrogancia, representadas por la cabeza, son el origen de grandes males. *Com.*] [Las propiedades del cielo no deben predominar siempre. *Com. II.*] [Y ahogar toda influencia de la tierra o del hombre. La prosperidad del mundo depende de la combinación de las fuerzas de estas tres potencias. *Interpolación.*]

Comentario I

¡Grande es verdaderamente el principio originario, el *K'ien*! Todas las cosas provienen de él. Es el origen del cielo y lo comprende entero. Las nubes se producen en él y la lluvia se derrama de él, todos los seres extraen de él sus formas. Para explicar el origen y el fin de todo se emplean seis líneas en seis posiciones adecuadas (los kuas). Por medio de ellas, como con un carro tirado por seis dragones, se recorre el cielo (o se sondean sus misterios). La acción regular del *K'ien* consiste en formar y transformar a los seres. Cada uno tiene establecidas su naturaleza y su función; así mantiene la unión y la armonía supremas. Así toda cosa progresa, recibe sus beneficios y se perfecciona.

Los jefes se elevan por encima de todos y, de este modo, los Estados tienen paz y prosperidad. El cielo se mueve y actúa con gran potencia. Así, el grande, el sabio, ejerce su actividad sin reposar nunca por completo.

Cielo en acción, potencia suprema. El sabio pone toda su fuerza en acción y nunca reposa.

Observaciones

Richard Wilhelm traduce *K'ien* en alemán con un término cuyo correspondiente en castellano podría ser creatividad. No es el creador, en el sentido personal, sino la fuerza creadora, la función creadora, el impulso creador. Yuan Kuang describe este hexagrama como el «kua perfecto, el bien absoluto, el cielo» (pág. 87).

Compuesto por el trigrama repetido del padre, cuyas asociaciones ya conocemos, Yuan Kuang escribe que «cada una de las vías seguidas por el dragón (el hombre sabio), es decir, los seis trazos, son conformes a la voluntad del cielo y cada cosa sucede a su debido tiempo, conformándose exactamente a su naturaleza y a su destino». Y añade: «El sentido general es el de una gran actividad benefactora, que hay que mantener ya que es conforme a la vía del cielo; se requieren la dureza enérgica y la firmeza» (pág. 87).

Según Wilhelm, la sentencia adivinatoria precisa que «la creatividad opere un éxito sublime» y que «es propicio perseverar» (pág. 25). Es interesante señalar que los textos que se refieren a los trazos 2 y 5 difieren en el P. De Harlez y en Wilhelm, en el sentido de que este último refiere las fórmulas adivinatorias según las cuales «es propicio ver al gran hombre», lo que Yuan Kuang interpreta como la ventaja que tendría el consultante en ver a un gran hombre «para hacerse ayudar e impregnarse de su influencia benéfica». El texto original, tal como lo presenta el P. De Harlez, no hace ninguna alusión a semejante iniciativa. En él, el gran hombre o el hombre superior es el personaje evocado por el hexagrama, es decir, el propio consultante. El texto adivinatorio parece, pues, degradar el original, en el sentido de que proyecta hacia fuera y objetiva una cualidad del kua que, desde el punto de vista de la psicología profunda, habría que llevar al plano del sujeto. Esta transposición puede observarse a lo largo de todo el *I Ching*.

En cuanto al texto 7 mencionado, no se refiere evidentemente a un séptimo trazo inexistente del kua, sino a un hexagrama *K'ien* que estaría compuesto exclusivamente de trazos jóvenes y sería susceptible de transformarse en su contrario, es decir, en el kua n.º 2 o *Kwùn*.

En el estudio ya citado sobre el arquetipo del padre, el lector encontrará un análisis completo de este hexagrama desde el punto de vista psicológico.

Este hexagrama, que describe los avatares de la fuerza creadora en el mundo (y, por consiguiente, del gran hombre, del santo, del soberano, del jefe y del guía que se considera que lo encarnan), se presta, por su misma simplicidad, a una comprensión fácil desde el punto de vista adivinatorio chino. El primer trazo es simbolizado, en efecto, por el dragón oculto, y los comentarios dicen que corresponde al gran hombre, todavía desconocido y que debe esperar en el esfuerzo y la soledad que vengan a él: ahora bien, hemos visto que el primer trazo se encuentra siempre fuera de la situación manifiesta que describe, de la que en cierto modo es el germen; como tal, se considera un trazo sólido y, siendo en el caso presente un trazo positivo en un lugar impar, competente y adecuado. El segundo trazo, que evoca al dragón apareciendo sobre el arrozal (los campos), describe la aparición del gran hombre en la vida exterior: siendo positivo en un lugar par, este trazo corresponde a una situación que no es todavía la que el consultante debería tener e implica cierto peligro. El tercer trazo, positivo en un lugar impar, es adecuado y trata del gran hombre cuya incesante actividad comienza a dar frutos: situado no obstante en la cúspide del trigrama inferior, implica todavía una dificultad de paso y de transición. Esta transición y el peligro que lleva asociado alcanzan su punto culminante con el cuarto trazo. Este, positivo en un lugar par, se ve sometido al vértigo de una elección todavía incierta: los comentadores dicen que tiene la posibilidad de avanzar sin estar obligado a hacerlo. El quinto trazo, positivo en un lugar impar, sugiere la fuerza creadora en plena acción y ejerciéndose de una manera perfectamente adecuada: como este trazo es, por otra parte, el del soberano en todos los hexagramas, la acumulación de estas cualidades permite un presagio de grandeza y de gozo. El sexto trazo, por el contrario, positivo en un lugar par que, además, es el último del hexagrama, contiene un exceso cuyas consecuencias no pueden ser sino desgraciadas: se trata, en efecto, de la fuerza creadora que se ha desprendido de sus raíces y quiere elevarse en el cielo sin tener en cuenta sus límites y las contingencias humanas; es Ícaro ascendiendo hacia el sol y estrellándose en el suelo entre la indiferencia general: el exceso de este trazo se destruye a sí mismo y desaparece fuera de la manifestación.

Aplicando esta forma de razonar a cada uno de los trazos de los sesenta y cuatro hexagramas, el lector podrá comprender mejor la tendencia general de las interpretaciones adivinatorias, tal como la encontrará en nuestras próximas notas y que a veces parece alejarse mucho del texto original del *I Ching*, si no contradecirlo.

KUA 2

Kwùn: a) Principio pasivo, receptivo. 1. Tierra extensa y sustentadora. 2. Mujer, hembra. 3. Sumisión, complacencia. 4. Soporte, apoyo. b) Cerrar, atar. c) Vestido imperial.

TEXTO I

Kwùn: tierra que recibe la acción del principio activo y que sustenta, produce. Hembra que sustenta y produce, concurriendo en la serie de los cuatro actos de la vida de los seres. El grande, en lo que hace, no debe prevenir la acción de las fuerzas naturales. Si lo hace, fracasará. Si actúa después y la sigue, tendrá éxito. Si pone su propio provecho por encima de todo, podrá adquirir amigos, por un lado, pero los perderá, por otro. Si busca la paz, la concordia de todos los poderes, tendrá éxito y será feliz.

TEXTO II

1. Cuando uno camina sobre el suelo helado es que la fuerte helada llega a su punto extremo. [Esta es una frase hecha que representa la llegada del invierno y el comienzo de las heladas. Según la cosmología china, es el momento en que el principio pasivo, receptivo, entra en acción, comienza a dominar y produce el fuerte invierno, que es su triunfo. —«Caminar sobre el suelo helado» significa también caminar con prudencia—. El principio pasivo va así del suelo helado al hielo. La fuerte helada que comienza con un

58

suelo finamente helado es también el tipo del principio productor terrestre, que comienza con el átomo para producir los mayores cuerpos. En esta frase tenemos, pues, la expresión más fuerte del principio *Kwùn*, objeto de la sección.]

[Cuando el principio pasivo comienza el periodo de frío, siguiendo su curso natural, llega a las fuertes heladas. *Com. II.*]

2. Recta, cuadrada, vasta (la tierra), por sí misma y sin trabajo, procura siempre bienes al hombre. [La vía de la tierra es brillante, produce grandes cosas. *Com. II.*]

3. El que mantiene las leyes (del cielo y de la tierra) puede esperar el éxito. [Brillará si llega el caso. *Com. II.*]

Cuando uno se aplica al servicio del príncipe, si no lo hace perfectamente, deberá abandonarlo. [Saber comportarse es glorioso y grande. *Com. II.*]

[Aunque uno no lo haga perfectamente al principio, lo conseguirá al final. *Com.*]

Nota. Esto se refiere al sentido: sumisión, docilidad.

4. (Sentido *kwùn*, cerrado.) Saco atado, cerrado, que no puede ser alabado o censurado (en cuanto a su contenido). [La prudencia evita toda injuria, todo daño. *Com. II.*] (El saco cerrado es la tierra, cuyo contenido es desconocido y oculto. Es también la imagen de la prudencia necesaria para el que sirve al príncipe.)

5. *Kwùn*, vestido imperial. O «vestido de debajo amarillo». Figura de la tierra, que es amarilla y está bajo el cielo. [La belleza, la bella disposición está en ella. *Com. II.*] [Y se muestra fuera. *Com.*] El texto añade: «Honor, felicidad suprema».

6. El dragón combate en el espacio; su sangre es negruzca y amarillenta. (Recuperación del kua anterior: el principio activo lucha en la inmensidad para producir; produce el cielo, que es negruzco, y la tierra, que es amarillenta, según la terminología china.)

(Esta frase final se aplica a la vez a los dos primeros kuas.)

7. El número 6 es un número afortunado; servirse de él asegu-

ra el éxito. (Frase interpolada que explica el uso de las seis líneas de cada figura.)

Comentario I

Supremo es el principio pasivo de la tierra, todos los seres reciben de él su nacimiento, pero está completamente sometido al principio activo del cielo. La tierra en su amplitud sostiene todas las cosas; su virtud no tiene límites (como la del cielo). Continente inmenso, su brillo es grande. Todos los seres se desarrollan en ella juntos. El animal hembra (la yegua) tiene la naturaleza de la tierra; la recorre sin término ni fin. Dulzura y sumisión (que son sus cualidades) prueban la felicidad; el sabio debe practicarlas. El bien resultante de la firmeza apacible y duradera corresponde a la inmensa virtud de la tierra. (La yegua es pasiva y activa como la tierra que recibe y produce.)

Simbolismo

El doble trigrama de la tierra, la tierra en todas partes, indica la virtud característica de esta: sostenerlo, conservarlo todo. El sabio que se conforma a ella sostiene y conserva a todos los seres con su vasta virtud.

Observaciones

Richard Wilhelm traduce *Kwùn* como receptividad, mientras que Charles Canone, el traductor de Yuan Kuang, utiliza los términos pasividad, dulzura maleable e incluso negatividad. El P. De Harlez observa cuán inconexos son los textos que se refieren a los diferentes trazos de este kua y dice que se reunieron menos a causa de su sentido que por la asonancia verbal común a los diversos significados de la palabra china *kwùn*: un primer sentido o, más exactamente, una primera serie significativa de esta palabra se refiere a la tierra, al principio pasivo en su expresión suprema, a la forma de

60

la tierra, a las cualidades de la tierra, al emblema de la tierra y de sus secretos, a la figura de la tierra o a la producción de la tierra; un segundo sentido es el de atar y cerrar; y un tercero, finalmente, el de vestido imperial (cuyo color amarillo, en China, es también el de la tierra). La reunión por asonancia verbal de estos diferentes sentidos en un mismo hexagrama se ha producido, pues, a la manera en que el sueño sobredetermina algunos de sus elementos manifiestos, tal como lo mostró Freud. La variedad de los significados de la palabra *kwùn* y los matices propios de cada uno de estos significados indican en todo caso que las palabras pasividad, negatividad, dulzura maleable o incluso receptividad solo transmiten imperfectamente el sentido chino. Este contiene la noción de comienzo, de vida naciente, aunque no desarrollada. Por lo demás, la cosa aparece con claridad en el texto sagrado.

Desde el punto de vista adivinatorio, Yuan Kuang escribe que «el consultante debe ante todo dar muestras de actividad obediente; si precede a los acontecimientos, estará cegado; si los sigue adaptándose a ellos pasivamente, tendrá éxito» (pág. 90). Según Wilhelm, la sentencia adivinatoria precisa que «la receptividad opere un éxito sublime» y que «es propicio tener la perseverancia de una yegua». Y subraya que esta «perseverancia tranquila aporta la salvación» (pág. 31).

Si el texto I del P. De Harlez dice que, si el consultante «pone su propio provecho por encima de todo, podrá adquirir amigos, por un lado, pero los perderá, por otro», el texto adivinatorio citado por Wilhelm dice que «es propicio encontrar amigos al oeste y al sur y renunciar a los amigos del este y el norte». Ahora bien, en el simbolismo chino el oeste y el sur corresponden al verano y al otoño, mientras que el este y el norte corresponden al invierno y a la primavera. Lo que el oeste y el sur sugieren es, pues, el trabajo y la fuerza que la naturaleza receptiva ofrecen al creador en verano y en otoño. El consultante, por medio de este trabajo y esta fuerza, puede encontrar los amigos que podrán ayudarle, mientras que los que poseía y que se encuentran al este y al norte, es decir, en el invierno y en la primavera de la que va a salir, amenazan con abandonarlo y dejarlo en la soledad que sus proyectos requieren.

La interpretación adivinatoria del sexto trazo es manifiestamente nefasta. Se trata de la sombra que no quiere ceder el lugar a la luz, del yin que entra en conflicto con el yang y se destruye a sí mismo. En cuanto al texto 7 mencionado por el P. De Harlez, no corresponde, como tampoco el texto 7 del kua *K'ien*, a un séptimo trazo inexistente, sino a la eventualidad de un hexagrama *Kwùn* compuesto exclusivamente por trazos jóvenes y que, por consiguiente, se transformaría en su contrario. Como este contrario es el kua *K'ien*, Wilhelm observa que no se trata aquí, sin duda, de un progreso, sino más bien de una regresión (pág. 35). La fuerza de perseverar es adquirida, y uno de los comentarios adivinatorios dice, a propósito de tal situación, que corresponde a una «estabilidad eterna» y que «acaba en la grandeza» (pág. 36).

KUA 3

T'un y *tchun*: a) 1. Yema, brote. 2. Crecimiento, actividad.
3. Crecer, avanzar. b) Dificultades, detenido en su avance, fracaso.

Texto I

Es el comienzo que se desarrolla, pero no establecido, acabado; detenido, por el contrario. Mediante la actividad, el éxito se establece felizmente en todo lo que uno puede hacer.

Texto II

1. Para establecerse sólidamente, hay que mantenerse en la firmeza y la rectitud. (Para mantener el reino) es bueno constituir jefes feudales. Aunque uno tenga dificultades, la voluntad debe aplicarse siempre al deber. Si, aunque elevado, uno condesciende a las necesidades de los pequeños, obtendrá un fuerte afecto del pueblo.

2 *a. Tchun* es detenido o retenido por las dificultades, como un jinete cuyo caballo quiere retroceder (o como un caballo montado que quiere...).

6. El avance, detenido como un caballo montado que retrocede, hace verter lágrimas amargas y abundantes.

2 *b.* Es como la muchacha que quiere casarse con un bandolero ladrón, debe permanecer inconmovible y esperar (más bien) diez años. (A pesar de esto) podrá entonces casarse y ser madre. (Aquí se

63

trata de dificultades.) [Una carroza sólida, el dar a luz al cabo de diez años, indica el retorno a la prosperidad, al avance. *Com. II.*]

4. Si es pedida en matrimonio según los ritos, que se case y estará bien. Esto le será ventajoso. [Lo mismo ocurre con la carroza detenida que reanuda su camino. *Com.*]

5. En el desarrollo de la savia de los brotes, si se expande moderadamente, el crecimiento será satisfactorio; si se expande demasiado, el crecimiento se verá impedido. [Así ocurre si se expande antes de ser suficientemente rica y fuerte. *Com.*] [*Com. II*: «obstáculo para el desarrollo: si es pequeño, el resultado puede ser desgraciado; si es grande, fin desgraciado».]

3. Si la caza que se persigue se interna inopinadamente en un bosque profundo, el sabio prefiere abandonarla antes que exponerse al peligro. Si la persigue, habrá motivo para arrepentirse. [Será reducido al último extremo. *Com. II.*]

Nota. Esta sección está casi toda ella relacionada con *tchun*, 'dificultades que impiden el avance, el éxito'. 1, 2, 3, 4 y 6 se refieren a ello. El punto 5 parece estar relacionado con las dos palabras: *t'un* y *tchun*. El orden original de las frases ha sido alterado: el punto 6 debe seguir a 2 *a*, y 4, a 2 *b*. El punto 6 no parece ser más que una interpolación destinada a completar el número 6. El punto 4 parece ir en el mismo sentido. El punto 3 indica el comportamiento que hay que observar ante una dificultad imprevista.

Simbolismo

El trueno bajo las nubes, obstaculizado por estas, representa las dificultades. El sabio dispone las cosas según las exigencias de estas. [*Com. II.*]

Comentario I

(Los dos primeros kuas han representado los dos principios de manera separada.) Aquí empiezan su mezcla y sus dificultades. La actividad en estas dificultades es la que lleva al gran éxito. Cuando el cielo envía (un tiempo de) trastornos y (de) tinieblas, es bueno establecer jefes feudales y no entregarse a la seguridad y al reposo. (Esto parece añadido por Wuh Wang o Zhu Kong para justificar su conducta. Wuh Wang creó más de cien feudos.)

OBSERVACIONES

Wilhelm interpreta *t'un* como dificultad inicial (pág. 35). Para Yuan Kuang es el comienzo y el nacimiento de los seres, la actividad, la aplicación (pág. 93).

El kua está compuesto por los siguientes dos trigramas:

el agua (las nubes)
_____.
el trueno

Cuando el trueno es detenido por el agua, hay obstáculo. El primer trigrama es el del agua o el del abismo. Por las correspondencias de los dos trigramas se ve cómo su unión en un mismo hexagrama y la disposición que este indica definen el sentido general de una gran fuerza obstaculizada, de una rica posibilidad que los peligros y los estorbos impiden que se desarrolle.

Según Wilhelm, la sentencia adivinatoria precisa que «la dificultad inicial produce un éxito sublime, y que es propicio perseverar». La alusión del texto II a la necesidad de constituir jefes feudales se traduce aquí por una invitación a no emprender nada antes de recurrir a la ayuda y la asistencia de otros (pág. 36). Es también el punto de vista de Yuan Kuang, quien añade sin embargo que la invitación a no emprender nada y a rodearse de amigos no significa que haya que entregarse al reposo. «Los tiempos de obstáculos y de dificultades —dice— son los momentos para actuar.» Pero la actividad que, en estas circunstancias, puede llevar al éxito es una actividad severamente controlada (pág. 93).

KUA 4

Meng: Inteligencia aún no desarrollada; ser aún no formado.

Para el desarrollo (de la inteligencia) no es el maestro el que debe (venir a nosotros), no lo necesita, sino que es el discípulo inexperto el que debe ir a su maestro. [Cuando alguien consulta la suerte, el adivino le dice el oráculo una primera vez; si a la segunda o tercera vez no es escuchado, ya no lo anuncia más, no enseña más. *Interpolación.*]

Comentario I

El ignorante progresa cuando se le hace avanzar en tiempo oportuno. Mantenerlo y hacerlo bueno es la función del sabio.

Texto II

1. Para disipar la ignorancia hay que utilizar castigos. [Para mantener las reglas en vigor. *Com. II.*] Hay que hacer uso de advertencias y de castigos para alejar todo motivo de pesar.

2. Está bien preocuparse por el ignorante y mantener a la muchacha. Así, podrán triunfar sobre su ignorancia. [El niño hace durar la familia; hay que cuidarlo. *Com. II.* El fuerte y el débil deben ayudarse el uno al otro.]

3. No os caséis con una muchacha si solo valora el oro, si no es dueña de sí misma: no sería acertado. [No sería actuar de forma conveniente. *Com. II.*] Es decir, no hay que casarse con una muchacha que tenga la cualidad de que se trata.

4. La ignorancia pobre y abandonada es cosa funesta. [El abandono, el aislamiento, mantiene alejada la posesión de la verdad. *Com. II.*]

5. El ignorante, todavía muy joven, puede conseguir (ser bien instruido). [El bien de su estado es la docilidad, la dulzura. *Com. II.*]

6. Si se castiga al ignorante formándolo, no se le debe causar ningún perjuicio, sino, al contrario, preservarlo de todo perjuicio.

SIMBOLISMO

Trigrama superior: montaña; inferior: precipicio [firmeza ante el peligro. *Com. I*].

Arriba: montaña; abajo: fuente que brota. [El sabio actúa con firmeza valerosa y desarrolla la virtud. *Com. II.*]

OBSERVACIONES

Meng significa para Richard Wilhelm locura o estupidez juvenil (pág. 39). Y Yuan Kuang ve en ello la falta de luz, la ceguera y la ausencia de discernimiento, la inteligencia no desarrollada (pág. 96).

La estructura simbólica del hexagrama es la siguiente:

$$\frac{\text{la montaña}}{\text{el agua corriente}},$$

o montaña que detiene al agua. Es la imagen del crecimiento y de la inteligencia no desarrollada.

Según Wilhelm, la sentencia adivinatoria anuncia el éxito y dice que «la perseverancia es propicia» (pág. 40). Todo el hexagrama, que se refiere a la juventud, evoca también las relaciones del profesor y el alumno, del maestro y el discípulo, del mayor y el más joven, de un sabio en posición inferior y un joven soberano en posición elevada. De modo que exige una interpretación diferente dependiendo de si el consultante se encuentra en una u otra de estas situaciones. «Si el que consulta la suerte —dice Yuan Kuang— es una persona que sabe qué tiene entre manos, que es ilustrada, el *I Ching* declara que alguien debe dirigirse a él y que la libertad de expansión será para esta última persona. Si el que consulta la suerte está todavía sumido en las tinieblas de la ignorancia, es que él mismo debe intentar obtener algo de otra persona y que la libertad será para él mismo» (pág. 96).

Se observará que este hexagrama remite a sí mismo al consultante que, incapaz de escuchar al oráculo, se empeña en plantearle varias veces la misma pregunta. El texto de Wilhelm es a este respecto más brutal que el de Charles de Harlez: trata al consultante de «impertinente».

KUA 5

Su: Detención forzosa, impedimento, obstáculo, peligro.
Resistencia a las fuerzas perjudiciales.

Texto I

El hombre recto y firme tendrá un éxito brillante, se establecerá y se completará felizmente. Sabrá atravesar las dificultades. (Lit.: el gran río: las grandes aguas; medio de vencer los obstáculos, etcétera.)

Texto II

1. Obstáculo, peligro en un país desierto, alejado. Con habilidad, perseverancia y firmeza, se saldrá de él sin daño. [(El sabio) no quiere eliminar violentamente las dificultades; sigue los principios sin flaquear. *Com. II.*]

2. Obstáculo, peligro en un arrecife, en un banco de arena, una isla que obstruye la visión; con un poco de esfuerzo, se puede salir de allí. (*Siao yeu yuen* suele referirse a las palabras malintencionadas.)

3. Detención, peligro en los terrenos pantanosos, las marismas. Si aparecen ladrones, se apoderarán (de las personas así detenidas). Peligro exterior; con prudencia y circunspección, no se perecerá.

4. Peligro, en la sangre, al salir de una cueva (de morir a manos de bandoleros).

5. Peligro en los banquetes. Final feliz si uno es moderado. Los banquetes serán de efecto favorable si en ellos se mantiene el medio. [*Medium tenuere beati*; necesidad de moderación en los placeres. *Com. II.*]

6. Peligro que corre el que ha entrado en una cueva. Si aparecen hombres inesperados, tres incluso, y se les trata con respeto, el resultado será favorable. [Aunque la situación no convenga, no habrá gran falta. *Com. II.*]

Nota. Este párrafo está interpolado: la primera frase equivale al punto 4. La segunda, «Si aparecen…», es del simbolismo posterior, inspirado por la visión de las tres líneas enteras de los trigramas inferiores. Se trata de los tres huéspedes.

Simbolismo

Com. I. Su es: rectitud ante el peligro, firmeza inquebrantable que no se deja abatir ni sorprender, y cuya justicia no se debilita, no se agota nunca. El que ocupa por su dignidad el lugar del cielo debe mantener la justicia, la fidelidad al deber. Podrá entonces triunfar sobre las dificultades, se proponga lo que se proponga.

Com. II. Su está formado por el trigrama nube encima del trigrama cielo. Son las nubes que se elevan en el cielo; así el sabio saborea la alegría y el placer.

Observaciones

Su significa para R. Wilhelm la espera (pág. 43). Según Yuan Kuang, este kua expresa en primer lugar el sentido de beber y comer y después de resistencia al mal (pág. 99).

Compuesto por los dos trigramas

$$\frac{\text{la nube (el agua, el abismo)}}{\text{el cielo (la creatividad)}},$$

el hexagrama remite a las nubes que se condensan en lo alto del cielo para transformarse en lluvia. Al ser esta indispensable para el crecimiento de los seres, el kua contendría, según Yuan Kuang, la idea de necesidad vital y psíquica. La creatividad, al querer manifestarse, se encuentra ante el peligro. De ahí la necesidad de esperar.

Según R. Wilhelm, la sentencia adivinatoria precisa que, si el consultante «es sincero, encontrará la luz y el éxito. La perseverancia le aporta la salvación y es propicio atravesar las grandes aguas». Esta última expresión, que aparece con frecuencia en el *I Ching*, se refiere a la necesidad de desplegar todas las energías para afrontar las dificultades de la situación. Para Yuan Kuang, el sentido es, pues, «el de la espera primero para avanzar después». Se trata de no renunciar al propio deber, pero de no dejarse arrastrar por él prematuramente y de mantener la confianza ateniéndose a las realidades. Solo hay que avanzar a medida que se disipen los peligros. De ahí también la idea de los banquetes, que, según los comentadores, corresponde a la tranquilidad del que espera sin forzar la realización de sus deseos, bebiendo y comiendo y dándoles al trabajo y al placer cotidianos el lugar que les corresponde (quinto trazo).

Los diferentes trazos expresan el peligro que crece y se acerca y después amaina y, al término del hexagrama, se disipa modificándose. Pero esta última transformación no es la realización simple del deseo obstaculizado, sino que contiene un elemento inesperado (los tres huéspedes) que hay que acoger de buen grado para que el presagio siga siendo favorable. Señalemos que, para R. Wilhelm y Yuan Kuang, respecto al peligro expresado por el cuarto trazo, es menor el que habría saliendo de la cueva, tal como podría hacer creer el texto del P. De Harlez, que el que habría quedándose en ella. El sentido adivinatorio es que el hombre herido en la cueva debe salir por completo de ella, sean cuales sean los peligros que pueda encontrar fuera. La idea es, pues, la de abandonar a toda costa la situación en que uno se encuentra, y cuyos peligros son más grandes que los que implicaría el esfuerzo realizado para salir de ella.

KUA 6

Song: Recurso al príncipe, proceso, asuntos públicos.

Texto I

El hombre recto los impedirá. Incluso si procede con temor y prudencia, si el medio es favorable, el fin será funesto. Se podrán abordar los grandes, pero no se salvarán las dificultades.

Comentario I

Un proceso no debe llevarse hasta el final. No se triunfará sobre las dificultades y se caerá en un abismo. El sabio pone por encima de todo el justo medio y la rectitud (y no el triunfo).

Simbolismo

I. Fuerza encima y peligro debajo (para el pequeño que pleitea) representan los procesos.

II. El cielo (arriba) y el agua (debajo) forman el kua (de ahí el peligro). El sabio al emprender un asunto delibera con madurez sobre su comienzo (antes de comenzar).

Texto II

1. Si uno desiste (de un proceso) iniciado, aunque se produz-

can ciertos rumores (al respecto de él), el resultado final será feliz. [Si el proceso no sigue adelante, a pesar de las negociaciones, el asunto se aclarará. *Com. II.*]

2. Si el que desiste de un proceso (o lo abandona) vuelve a su casa y oculta el asunto a la gente de su lugar, no tendrá por ello ningún disgusto. [Si el pequeño está en litigio contra el grande, los males vendrán como tomados de la mano. *Com. II.*]

4. El que sucumbe en un proceso debe enmendarse, volver a la justicia y recuperar la calma. Entonces se establecerá felizmente.

5. En un proceso, (solo) el comienzo es feliz. Conduce a las querellas y los odios.

6. Aunque uno tenga éxito en los asuntos públicos (que gane en un proceso) y obtenga en la Corte una distinción honorífica, esta se la podrán quitar hasta tres veces (o antes de que termine el tercer día). [El éxito final nunca está asegurado. *Com.*]

3 *a*. Si uno mantiene en sí mismo las virtudes de los antiguos, prosperará. El final será feliz.

3 *b*. Dedicarse a los asuntos del príncipe no basta para hacer perfecto al hombre. [Ambas cosas (*a* y *b*) son favorables. *Com. II.*]

OBSERVACIONES

Song significa para Wilhelm conflicto, disputa, litigio, lucha, controversia (pág. 46). Y Yuan Kuang dice asimismo que el kua expresa la idea de disputa, de recurso a la justicia (pág. 103).

El hexagrama está compuesto por los mismos trigramas que el kua anterior, pero estos trigramas están colocados en un orden inverso. Según Wilhelm, la sentencia adivinatoria precisa que «una detención circunspecta a medio camino aporta la salvación», mientras que «ir hasta el final será causa de desgracia». Y añade: «Es propicio ver al gran hombre. No es propicio atravesar las grandes aguas» (pág. 46). Asimismo, Yuan Kuang dice que «el presagio será favorable o desfavorable según el modo en que el consultante se coloque. El temor moderado es bueno; exagerado, es malo». Todo el espíritu de este hexagrama está, pues, centrado en la idea de que vale más no entrar en litigios con la justicia, pero que, si la acción ya se ha iniciado, es tan bueno no llevarla hasta el final como peligroso enfrentarse a todas las dificultades.

Según Wilhelm y Yuan Kuang, el quinto trazo corresponde sin embargo a un gran presagio favorable, pero se referiría menos a una persona implicada en un proceso que a un árbitro justo y poderoso capaz de resolver el conflicto de manera equitativa. El sexto trazo corresponde a la acción de quien lleva las cosas hasta su término y gana el pleito pero termina por perder todo lo que había conseguido ganar.

KUA 7

Sze: Jefe; tropas, ejército; pueblo, muchedumbre.

TEXTO I

El jefe experimentado (entrado en años) es feliz y no comete errores.

COMENTARIO I

Sze es «el pueblo». La rectitud firme hace bueno. Con ella se puede volver bueno al pueblo; con ella se puede ejercer el poder soberano. Actuando así, el fuerte alcanza su objetivo, e incluso si se expone al peligro en expediciones guerreras podrá arrasar (conquistar) el mundo. El pueblo le sigue y él tiene éxito. ¿Cómo iba a lamentarlo?

SIMBOLISMO

«Agua bajo tierra, agua en medio de la tierra.» Conformándose a esta imagen, el grande mantiene al pueblo (como el agua mantiene los productos de la tierra) y forma la educación de la muchedumbre.

TEXTO II

1. Si un ejército hace la campaña de acuerdo con las reglas (la justicia y el arte militar), todo le saldrá bien. Dicho de otra forma:

si el ejército no se pone en campaña de acuerdo con las reglas, le ocurrirá una desgracia. [Si viola las reglas de la justicia y del arte militar, tendrá una suerte desgraciada. *Com.*]

2. Si el rey está en medio de sus tropas, todo irá bien y no se cometerán errores. El jefe debe repetir sus órdenes hasta tres veces para asegurarse de que se le ha entendido bien.

3. Que un ejército cuente con varios jefes es una cosa funesta. Los ayudantes del jefe deben seguirle y obedecerle sin cometer errores. [Un comentario *(Yih pi tchi neng Kiai)* lo explica de otra manera: el ejército (en presencia de dificultades que se oponen a su marcha) debe ceder y detenerse para evitar todo error.]

4. Si el ejército se encuentra en un territorio de caza mayor, hará bien cazándola y tomándola (para subvenir a su subsistencia). O bien: hará bien en seguir las órdenes del jefe para no causar estragos inútiles.

5. Si el rey no manda en persona, el hijo mayor debe conducir el ejército; si son los hijos menores quienes mandan, al ser varios habrá (división), error y fracaso.

6. Un gran príncipe que ha obtenido el mandato del cielo crea felizmente un Estado poderoso y da estabilidad a su dinastía. Un hombre común no sabe conseguirlo (no hay que emplearlo).

OBSERVACIONES

Para R. Wilhelm, *sze* es el ejército (pág. 49). Yuan Kuang ve en él la agitación de la masa y, observando que en todo el hexagrama solo se encuentra un trazo masculino (el segundo) entre cinco trazos femeninos, ve en esta disposición «la imagen de la concentración del poder de mando sobre la masa».

Los dos trigramas

la receptividad, la tierra
el agua del cielo, de manantial

que sugieren la presencia del agua bajo la tierra, indican también el peligro que la sumisión disimula. «Es una vía peligrosa —dice Yuan Kuang— la que se recorre con sumisión, como el ejército va a la guerra.»

Según Wilhelm, la sentencia adivinatoria precisa que «el ejército requiere la perseverancia y un hombre fuerte» y que hay presagio de «éxito sin mancha». Tanto Wilhelm como Yuan Kuang consideran que el cuarto trazo alude al ejército que, incapaz de conseguir la victoria, se retira y renuncia. En conjunto, el hexagrama expresa una situación peligrosa y difícil pero cuyo resultado es favorable en la medida en que las acciones emprendidas están en manos de una autoridad fuerte, respetada y unificada. Son los peligros de la juventud, de la inexperiencia y de la dispersión del mando los que podrían comprometer una actividad que podría ser exitosa de por sí.

KUA 8

Pî: Unión, armonía, acercamiento, ayuda.

TEXTO I

Unión, cosa excelente, comienzo feliz que hay que llevar a su perfección, sin desfallecer. Si no se obtienen ni la paz ni la concordia, de ello resultarán posteriormente grandes males.

COMENTARIO I

Pî es «concordia, socorro; el pequeño que sigue al grande con sumisión». Si, estando el poderoso en su lugar, de ello no resulta la concordia, la ley moral decaerá.

SIMBOLISMO

Es el agua por encima de la tierra, que representa la concordia. Es el agua que penetra la tierra y se une a ella sin dejar ningún intervalo. Animados por este espíritu, los antiguos reyes consolidaban sus Estados y conseguían la adhesión de los príncipes.

TEXTO II

1. Es fácil unirse al hombre sincero. El hombre recto y amigo de la concordia debe estar lleno de este espíritu, igual que un re-

cipiente de tierra repleto (de vida o de frutos). Siempre obtendrá de esa plenitud nuevas ventajas.

2. Si el amor a la concordia proviene del corazón, se establecerá felizmente.

[No se debilitará por sí mismo. *Com. II.*]

3. Unirse a alguien que no lo merece es una fuente de males.

[De ello resultará un perjuicio. *Com. II.*]

4. Estar unido al que nos resulta superior es cosa favorable.

[Unirse a los sabios. Seguir a los grandes está bien. *Com.*]

5. (Modelo de una unión perfecta.) El rey caza en tres estaciones; cada vez permite que la caza que está a la vista se le escape.

Nota. La caza está concentrada en un parque cerrado y se abre un lado de este para que cierta cantidad de animales puedan escapar de las flechas. El pueblo, que lo sabe, los deja huir y no advierte al rey (de su huida del parque) porque sabe que este lo hace a propósito por bondad.

[Esto demuestra que el rey ha instruido y formado a este pueblo perfectamente. *Com. II.*]

6. Unirse a los que no reconocen a su jefe, a los que no le están sometidos, (o unirse sin reconocer a un jefe) es cosa mala.

[De ello no puede surgir nada bueno. *Com. II.*]

OBSERVACIONES

Pî significa para Wilhelm solidaridad, unión, mantenerse juntos (pág. 52). Yuan Kuang dice, por su parte, que este kua significa acercarse, asistirse mutuamente, unirse (pág. 108).

El hexagrama está compuesto por los trigramas

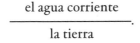

el agua corriente

la tierra

Según Wilhelm, la sentencia adivinatoria precisa que «la solidaridad aporta la salvación». Y añade curiosamente: «Escruta el oráculo una vez más para saber si posees sublimidad, duración y perseverancia. En este caso, no hay error. Los inseguros se reúnen de manera progresiva. El que viene demasiado tarde encuentra la desgracia». Para Yuan Kuang, la alusión a una segunda consulta del oráculo se refiere a la eventualidad que haría del consultante «el punto de apoyo alrededor del cual los hombres se agruparán para ayudarse unos a otros». Para que el consultante pueda convertirse verdaderamente en este punto de apoyo, el oráculo debe aportarle una nueva respuesta favorable. En caso contrario, a él le corresponde encontrar un punto de apoyo exterior y seguir de manera pasiva al que posee la capacidad de convertirse en un centro de reunión. La estructura del hexagrama, que cuenta con cinco trazos negativos y femeninos y un solo trazo masculino y positivo (el quinto), sugiere la agrupación de la muchedumbre alrededor del jefe. Negatividades alrededor de la positividad.

El presagio solo es desfavorable para los trazos tercero y sexto. El tercero alude en esencia a la unión con personajes indignos o, más sencillamente, con personajes inadaptados a nuestra realidad profunda. Si tal unión se limita a una sociabilidad desprovista de intimidad, no puede resultar de ella ningún mal. Pero este es inevitable en el caso contrario. En cuanto al sexto trazo, se refiere al hombre que no encuentra ni principios alrededor de los cuales puede ordenar su personalidad ni jefe al que unirse. Esta ausencia de dirección condena toda acción al fracaso. En cuanto al quinto trazo, del que el texto utiliza esa bella imagen de la caza a la que el soberano y el pueblo dejan huir y en la que el *I Ching* ve «el modelo de una unión perfecta», Yuan Kuang lo interpreta como «la ausencia total de egoísmo y el desinterés extremo» que son necesarios para el verdadero jefe. Y añade: «Ser buscado y amado no depende de uno mismo, sino de los sentimientos de los demás. Los que vienen no son perseguidos, los que se van no son molestados. Presagio favorable, pues la asociación es ilustre. Hay que obedecer al propio destino y partir cuando es necesario. Lo que viene es protegido, lo que huye no es perseguido».

KUA 9

Siao tchu: Pequeño mantenimiento; educación, corrección; detención.

El mantenimiento, la educación, es como una gran nube que viene sin lluvia de las regiones occidentales y que contribuye al desarrollo de los seres.

COMENTARIO I

El pueblo es mantenido cuando la bondad ocupa el poder, y grandes y pequeños se acomodan entre sí. Con bondad firme en unos y sumisión en los otros, la fuerza alcanza su objetivo y los proyectos útiles se ejecutan. La figura del primer texto representa la prosperidad como la nube que avanza, pero que todavía no se ha extendido en toda su amplitud.

TEXTO II

1. Restaurar la propia naturaleza es la ley de la razón. Ella es sin error, es una fuente de felicidad.

2. Exhortar, conducir a esta corrección es una obra excelente. Esto es el justo medio, que no puede fallar por sí mismo.

3. Al igual que sucede con un carro cuyas ruedas se han des-

prendido (y no puede andar), el marido y la esposa que, apartando sus miradas uno del otro, no viven en concordia no podrán consolidar su casa.

4. En el hombre sincero la sangre brota (los buenos sentimientos salen). El respeto se manifiesta. Los superiores se unen a él con sus sentimientos.

5. El hombre recto y sincero se gana el afecto de los demás y comunica sus bienes a sus vecinos.

[No es rico para él solo. *Com. II.*]

6. Al igual que después de la lluvia todo vuelve a encontrarse en buen estado, así la virtud estimulada se perfecciona. Una mujer, incluso cabal, puede estar sobreexcitada y difícil, como la luna a punto de ser llena.

[El sabio debe corregir los defectos y los errores, cuando hay algún vicio. *Com. II.*]

SIMBOLISMO

El viento que sopla por encima del cielo. Así el gran sabio eleva y hace brillar la virtud.

OBSERVACIONES

Wilhelm indica que *siao tchu* es el poder coactivo (la fuerza que domestica, que amansa) de lo que es pequeño (pág. 56). Para Yuan Kuang es la reunión por la detención del reagrupamiento, el pequeño reagrupamiento, y añade que el sentido general de este kua es la detención de lo que es grande por lo que es pequeño (pág. 111).

El hexagrama está compuesto por los dos trigramas

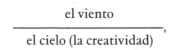

el viento

el cielo (la creatividad)

lo que, como señala el P. De Harlez, significa un viento elevado, que solo produce pocos efectos (pág. 34).

Según Wilhelm, la sentencia adivinatoria precisa que el poder coactivo de lo que es pequeño encuentra el éxito (pág. 56). Por su lado, Yuan Kuang señala que la detención impuesta por el único trazo femenino a los cinco trazos masculinos es factible pero no duradera. «La detención de la positividad —dice— tiene lugar por la dulzura y la humildad. La libertad posible resulta de la energía activa de la justicia. Hay que atesorar deteniendo y sobre todo mejorar las propias acciones y las propias aptitudes» (pág. 110).

Si bien el sentido general del hexagrama es el de la nube que anuncia la lluvia sin que esta se produzca, de modo que hay promesa de acciones que, para llegar a su madurez, hay que perfeccionar, los trazos tercero, cuarto y sexto poseen un significado desfavorable que se desprende más de los comentarios adivinatorios que del texto del P. De Harlez. El tercer trazo no solo indica las oposiciones que se desprenden directamente de este texto. Yuan Kuang ve en él la imagen del «menos que domina al más», de «la mujer que domina al hombre», lo que es el signo de la desgracia. En el cuarto trazo, «la sangre que brota» es para los comentadores la imagen de un gran peligro, cuyos riesgos sangrientos son reales. También aquí lo femenino se sitúa como adversario aislado de lo masculino, de modo que de ello debe resultar la desgracia. El consultante solo puede evitarla agotando «la buena fe y la sinceridad para simpatizar con las positividades con el fin de hacerles sentir su influencia». En cuanto al sexto trazo, la «luna llena» indica que una mujer (o lo femenino en el consultante) mantiene el estado de cosas existente y que de ello resulta una vía de riesgo y de peligro. Si se permanece en esta vía, todavía es posible tener éxito en las cosas pequeñas. En cambio, para todo asunto de cierta importancia, hay que prever el fracaso. Lo que se ha obtenido, lo ha sido por la feminidad, la debilidad, la sombra. Hay que contentarse con ello. Si la sombra quiere sustituir a la luz, el presagio es desfavorable.

KUA 10

Li: Caminar sobre, conducirse, actuar, seguir un camino.

El hombre que sabe caminar sobre la cola de un tigre sin hacerle gritar tendrá éxito.

Comentario I. Simbolismo

Cielo por encima de un agua estancada. Es la debilidad, la dulzura sumisa que camina sobre la fuerza; la alegría que responde a la fuerza. Es el fuerte justo y moderado que ocupa la dignidad soberana. Exento de falta, es glorioso y brillante. El grande y sabio distingue lo alto y lo bajo y da satisfacción segura a los deseos del pueblo.

Texto II

1. Cuando uno se comporta con rectitud, va sin cometer ninguna falta. [Un comportamiento recto y puro es el único que se puede aprobar. *Com.*]

2. Cuando uno sigue la vía de la moral, camina sobre un terreno liso y fácil. El hombre apacible y retirado se consolida felizmente. [Conservando el medio, no cae en el desorden. *Com. II.*]

3. El hombre privado de un ojo todavía puede ver; el cojo todavía puede andar, aunque mal. Si en este estado de imperfección corporal uno pisa la cola de un tigre (da un paso en falso), será mordido, ocurrirá una desgracia. El hombre de guerra mismo puede ser un gran príncipe, si sigue la buena vía. [Tendrá éxito si su voluntad es enérgica. *Com. II.*]

4. Aun cuando uno esté expuesto a pisar la cola de un tigre (a grandes dificultades), si actúa con un prudente temor, el resultado final de la empresa será feliz. [Alcanzará el objetivo. *Com. II.*]

5. Si uno camina con firmeza, el progreso será fuerte y sólido (irá adelante). [Si la posición se mantiene de forma conveniente. *Com. II.*]

6. Si uno mantiene los ojos abiertos sobre su propio comportamiento y presta atención a los pronósticos, todo el conjunto de los actos será especialmente feliz. En cuanto a los jefes, habrá motivo para hacerles grandes alabanzas.

OBSERVACIONES

Li es para R. Wilhelm la marcha, la conducta, la manera de proceder, la entrada en escena (pág. 59). Para Yuan Kuang, el sentido es «el de las reglas rituales de conveniencia y de decoro que el hombre sigue en sus acciones y que dictan sus acciones» (pág. 114).

El hexagrama está formado por los dos trigramas

la creatividad
_____ .
el agua estancada

Según Wilhelm, la sentencia adivinatoria anuncia el éxito (pág. 59). Por su lado, Yuan Kuang observa que «el consultante se verá situado en el peligro, y no recibirá ningún daño». Es como si tuviera que caminar sobre la cola de un tigre sin que este le mordiera. Pero semejante hazaña, que, según él, indica que «hay posibilidad de asumir una elevada situación durante un periodo bastante largo con gran brillantez», solo es posible, en realidad, en la medida en que uno observa bien «el orden natural de las cosas, la jerarquía real e interior» de los que nos rodean (pág. 114).

Solo el tercer trazo anuncia desgracia. Se trata de un hombre que, a la manera del tuerto o del cojo, no es apto para realizar algo tan peligroso como caminar sobre la cola de un tigre y se coloca a sí mismo en la desgracia. La alusión al hombre de guerra se refiere, según Wilhelm, al hecho de que la violencia y la precipitación expresadas por este trazo solo son concebibles en un guerrero que lucha por su príncipe, es decir, en situaciones en las que uno acepta unos peligros por una causa que está por encima de sus propios intereses. En cuanto al quinto trazo, sigue aludiendo a la presencia del peligro, pero expresa el éxito posible en la medida en que uno permanece consciente de los peligros de la situación. El sexto trazo se refiere al final feliz de la empresa, cuyos resultados es posible entonces examinar.

KUA 11

T'ai: Unión, penetración; liberalidad, generosidad.

Texto I

El pequeño va hacia el grande; el grande va hacia el pequeño; de ahí un feliz desarrollo de las cosas. (La materia va hacia la fuerza; la tierra hacia el cielo; los pequeños van hacia los grandes.)

Comentario I

1. Cuando se efectúa esta penetración recíproca, el cielo y la tierra se armonizan y todos los seres se producen. Lo alto y lo bajo se armonizan y sus intenciones y fines son idénticos.

2. El trigrama inferior representa el principio activo y el trigrama superior, el principio pasivo. El primero representa el poder constitutivo y lo grande; el segundo representa la sumisión, la receptividad y lo pequeño, el hombre vulgar.

La vía del grande se eleva; la del pequeño está llena de tristeza y es silenciosa.

Texto II

1. (Imagen de la unión.) Las plantas cuyas raíces se entremez-

clan no se pueden arrancar la una sin la otra (así la unión multiplica las fuerzas).

2. Si uno soporta la rudeza de los demás (para permanecer unidos) y, después de haberse alejado (lit.: después de haber cruzado el río, *hô*), no olvida a los que se han quedado atrás, y trata amistosamente a estos iguales *(pih)*, gracias a esta unión, se mantendrá gloriosamente en la vía del medio.

3. Sin superficie plana no hay pendiente. Sin ida no hay vuelta. Las dificultades que uno evita no tienen efecto funesto y no dan motivo para lamentar un comportamiento recto; la felicidad será la consecuencia de ello. [La primera frase representa las relaciones del cielo y la tierra. *Com. II.*]

4. El que es indeciso y poco firme en su rectitud no se ganará a sus vecinos por sus riquezas y no será digno de confianza, por el único hecho de que habrá sido advertido (unión impedida por los defectos).

5. Ti Yi, al casar a su joven hija, aseguró la prosperidad, un éxito superior (la unión de los esposos). [Asegura la realización de sus deseos permaneciendo justo. *Com. II.*]

Nota. Ti Yi se considera el penúltimo soberano de los Shang Yin. Prescribió que las princesas imperiales, casadas con nobles de rango menor, perdieran su cualidad principesca. De este modo aseguró la sumisión a sus esposos y la buena armonía del matrimonio.

6. Los muros de una ciudad caerán en el barro si no tiene un jefe [que mantenga la unión]: ella misma decide entonces su suerte y solo podrá esperar vergüenza. [Así el orden que debe reinar en ella se altera. *Com. II.*]

SIMBOLISMO

T'ai expresa las relaciones, la penetración recíproca del cielo y la tierra. El príncipe, con su poder, completa los actos regulares del cielo y la tierra; ayudando, sosteniendo sus conveniencias, sostiene al mismo tiempo al pueblo.

<small>OBSERVACIONES</small>

Wilhelm traduce *t'ai* como la paz (pág. 62). Del mismo modo, Yuan Kuang dice que es la paz, la libre prosperidad (pág. 116).

Según Wilhelm, la sentencia adivinatoria anuncia la buena fortuna y el éxito. Pero cabe tener en cuenta que alude «al pequeño que se va» y «al grande que se acerca», mientras que el texto I del P. De Harlez habla del encuentro y de la unión del pequeño y el grande. Para Yuan Kuang, el sentido es también el de la negatividad que se va y la grandeza que se acerca. No obstante, esta resulta «la unión armónica de la negatividad y la positividad», de modo que «las cosas se desarrollarán bien por la penetración recíproca».

El hexagrama está compuesto por los dos trigramas

la receptividad, la tierra
———————————————.
la creatividad, el cielo

Según los comentadores, el primer trazo se refiere a un «movimiento de arrastre mutuo con los que son de la misma naturaleza» (Yuan Kuang), movimiento análogo al de las raíces que se arrancan las unas por las otras y que exige que el hombre capaz salga de su soledad y se ponga a producir. El conjunto de los trazos expresa un movimiento ascensional que tiende a invertirse, a partir del cuarto trazo, y termina en el sexto con un retorno a la decadencia que el kua 12 expresará como tal. El quinto trazo solo es favorable por cuanto expresa ya una renuncia voluntaria, un descenso consentido, análogo al de las hijas del emperador, que, para encontrar la felicidad con un esposo de rango inferior, abandonaban su cualidad de princesas reales.

KUA 12

P'ï: 1. Oposición, cerrado. 2. Perjuicio, maldad. 3. Censurar. 4. Exclamación que tiene un sentido negativo.

Texto I

El malo no tiene éxito, el sabio prospera. El grande va, el pequeño viene hacia él. (Ejemplos de oposición.)

Comentario I

P'ï designa al malo. Cuando *P'ï* domina, el cielo y la tierra no tienen relación, los seres no se producen. Cuando lo alto y lo bajo están desunidos, el imperio no tiene gobierno digno de este nombre.

Simbolismo

El obstáculo a las relaciones del cielo y la tierra forma *P'ï*. En este caso, el sabio limita su acción y evita las dificultades. Los sabios no obtienen honor de sus emolumentos; retienen sus virtudes en su corazón.

Texto II

1. Las plantas cuyas raíces están entrelazadas (resisten y) no pueden ser arrancadas la una sin la otra. (Véase kua 11, texto II, 1.) [Esto concierne a los príncipes. *Com. II.*]

2. Si con la paciencia y la constancia incluso el hombre vulgar consigue el éxito, ¿el hombre superior no podría hacerlo? [No trastornará al pueblo. *Com. II.*]

3. La paciencia hace avanzar. [Pero no es conveniente avanzar en dignidad únicamente porque uno soporta con paciencia las oposiciones y las maldades. *Com. II.*]

4. Cuando uno tiene para sí el decreto del cielo, ciertamente tendrá éxito. Los campos puestos en orden prosperarán (a pesar de las oposiciones, etcétera). [Los deseos se cumplirán. *Com. II.*]

Nota. Estos dos párrafos 5 y 6 son la continuación del 2 y solo se han separado para obtener el número 6.

5. *Heû p'ï.* Haciendo cesar las oposiciones malas, el hombre superior prosperará, sus amigos estarán como rodeados de ramas frondosas de laurel. La felicidad del hombre superior se encuentra en una función ejercida con justicia y conveniencia.

6. *Kîng p'ï.* Destruir, derribar los obstáculos y perjuicios. Así se hace suceder la alegría, la satisfacción. Antes, pena; después, placer (dicho popular). [Si los obstáculos cesan, estando derribados, ¿cómo podrían durar? *Com. II.*]

Nota. Tenemos aquí un ejemplo de obstáculos, párrafo 1; el medio de vencerlos, párrafos 2, 3, 4, y tres expresiones en las que entra la palabra *p'ï*, párrafos 2, 5, 6.

SIMBOLISMO

La posición de los trigramas representa la vía del pequeño elevándose, y la del grande rebajándose.

OBSERVACIONES

P'ï significa para Wilhelm la detención completa o el estancamiento (pág. 66). Yuan Kuang ve en él la decadencia que sigue al apogeo, la oposición (pág. 121).

Se observará que el hexagrama está compuesto por los mismos trigramas que el kua anterior,

la creatividad, el cielo

———————————————

la receptividad, la tierra

pero situados en orden inverso. Mientras que *T'ai* expresaba la idea de paz y de prosperidad que resultaba de la unión de los principios contrarios, *P'i*, a causa de la desunión de estos principios, sugiere la idea de decadencia y de trastornos. Del mismo modo, mientras que el hexagrama *T'ai* contenía en germen a su opuesto y, a partir del cuarto trazo, tenía tendencia a invertirse anunciando la decadencia, el hexagrama *P'i* indica, a partir del cuarto trazo, las posibilidades de un retorno al orden.

Yuan Kuang precisa que en un tiempo de decadencia en el que lo que es grande se va y lo que es pequeño se desarrolla, en el que el hombre inferior crece y el hombre dotado disminuye, este último debe situarse en la sombra a fin de evitar los peligros que le podría causar la multitud y debe rechazar todo empleo oficial.

El primer trazo, que, a semejanza del kua anterior, evoca la imagen de las raíces entremezcladas, se refiere a la unión de los hombres inferiores, que, en un tiempo de decadencia, son los únicos que pueden avanzar, mientras que los hombres superiores no tienen otra posibilidad que evitar la desgracia reformándose. Los trazos cuarto, quinto y sexto describen al hombre dotado que empieza poniendo trabas a la adversidad, restaura después un orden todavía frágil y acaba asegurando la felicidad general para poner definitivamente término a la decadencia.

KUA 13

T'ong: Unión, armonía.

TEXTO I

Si los hombres viven en concordia en un país, este prosperará. Se vencerán las grandes dificultades. El sabio conseguirá fácilmente su perfección.

COMENTARIO I

Vemos aquí el efecto de la acción del cielo. La fuerza mezclada con habilidad y perspicacia que observa la justicia. Así, el hombre superior es bueno y justo y penetra el pensamiento de todo lo que está bajo el cielo. Así reina la unión.

TEXTO II

1. Unidos, en la casa, los hombres no cometen errores. [Incluso saliendo de ella (si siguen estando unidos), no incurrirán en ninguna censura. *Com. II.*] (Efectos de la unión doméstica.)

2. La unión de los hombres para intrigar es cosa muy funesta, de la que tendrán que arrepentirse. [Es la vía del pesar. *Com. II.*]

3. (Medio de mantener la unión.) Esconder las armas al tiempo que se permanece vigilante (en la elevación), y no sacarlas durante

mucho tiempo (lit.: tres años). [Actuar siempre de manera pacífica. *Com. II.*]

4. Aunque subido a una fortaleza, el buen príncipe no trata de dominar por la fuerza (la violencia y los ataques); su gobierno será feliz. [Incluso en las dificultades, vuelve a la justicia. Se retira a su fortaleza cuando el derecho no reina. *Com. II.*]

5. La unión hace que la alegría suceda al llanto. Por ella ha triunfado el ejército del príncipe (regresa triunfante), la gente va a su encuentro y los pueblos se someten. El hombre de concordia pone por encima de todo la moderación y la justicia. [Sus propios adversarios acuden a él en espíritu de paz. *Com. II.*]

6. La unión que se extiende incluso a las partes más alejadas del país disipará toda pena, toda causa de pesar.

SIMBOLISMO

La bondad, que obtiene las dignidades, conserva el medio y se conforma al cielo, forma el *T'ong yin.* El fuego bajo el cielo forma el hexagrama. Por su virtud, el sabio conoce la naturaleza de las cosas y capta su totalidad armónica *(Shan y erh tchi t'ong).* El fuego ilumina al cielo, lo hace conocer.

OBSERVACIONES

T'ong (yin) significa para Wilhelm asociación de los hombres, compañía de los hombres (pág. 69), y Yuan Kuang encuentra aquí «el sentido de unión de los hombres, de armonía, de agrupamiento de los seres que reúnen sus fuerzas para superar la adversidad» (pág. 124). No cabe duda de que los comentadores atribuyen al hexagrama un significado de comunidad masculina, de unión fraternal de los hombres, que no se desprende directamente de la traducción del P. De Harlez. Según ellos, el primer trazo se refiere mucho menos a los efectos de la unión doméstica que al «acto de salir fuera de la puerta para unirse a los hombres». Se trata, pues, de la unión que se realiza entre hombres, fuera de la casa y de la familia.

Según Wilhelm, la sentencia adivinatoria anuncia el éxito de la compañía fraternal de los hombres. Este éxito, sin embargo, solo es posible a condición de cruzar las grandes aguas y perseverar en una pureza no egoísta. La compañía fraternal de los hombres encuentra el amor y no es dudoso que este hexagrama exprese lo más profundo que puede haber en la afectividad masculina. Constituido por cinco trazos positivos que rodean un solo trazo femenino, sugiere el agrupamiento de hombres fuertes alrededor de un ser que, en lugar de imponerse a ellos con el poder, lo hace con la dulzura y utiliza su debilidad para dar cohesión a su unión pacífica. En este sentido, el kua 13 es lo contrario del kua 7, en el que la unión de los hombres débiles se efectuaba alrededor de un hombre fuerte, el jefe del ejército.

Los dos trazos constitutivos del hexagrama son:

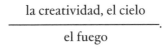

De sus trazos, solo el segundo y el tercero no son favorables. El segundo alude a la humillación que acompaña a toda intriga, a toda unión basada en intereses egoístas y particulares. El tercero pone en guardia contra una violencia que querría apoderarse por la fuerza de la negatividad y cuyas consecuencias nefastas solo es posible evitar a condición de esperar tres años y de aplazar el proyecto considerado hasta esa fecha. El quinto trazo alude a dos pueblos, a dos personas o a dos tendencias a las que la violencia opone, pero a las que el corazón acerca. Este acabará por triunfar, de modo que la alegría sucederá a las lágrimas.

KUA 14

Tá: Grande, grandeza, crecer, desarrollo.

TEXTO I

Grandeza, comienzo desarrollado.

COMENTARIO I

La verdadera grandeza es la bondad que posee los honores; el grande que conserva el medio, y pequeños y grandes permaneciendo en armonía. Fuerza y firmeza con habilidad e inteligencia forman su virtud. Está de acuerdo con el cielo, actúa en su momento y prospera grandemente.

TEXTO II

1. El hombre verdaderamente grande no tiene relación con los malos y, aunque encuentre dificultades, no cometerá ninguna falta.

2. (Grandeza material, sus ventajas.) Lo que se transporta en un gran *(tâ)* carro, vaya a donde vaya, llegará con seguridad. [Lo que se amontone en él no sufrirá ningún daño. *Com. II.*]

3. La grandeza corresponde únicamente a los Kongs. Solo ellos pueden hacer presentes adecuados al Hijo del Cielo. Un

hombre inferior no puede hacerlo. El hombre vulgar ofendería (al Hijo del Cielo si se le ocurriera hacerle un obsequio).

4. El hombre grande no comete errores con respecto a lo que no le pertenece [a lo que no tiene derecho. *Com*.]. [Lo distingue claramente. *Com. II*.]

5. El grande es completamente sincero en sus relaciones. Majestuoso y grave, es feliz. Expresa sus pensamientos con sinceridad. [Es creído en lo que dice. Incluso cuando cambia de parecer, se tiene confianza en su sabiduría. *Com. II*.]

6. Recibe el socorro del cielo. Todo le resulta ventajoso.

SIMBOLISMO

El kua representa el fuego por encima del cielo. Así el hombre superior reprime el mal, difunde el bien y se conforma en todo al decreto del cielo.

OBSERVACIONES

Tá significa para R. Wilhelm el gran haber, la posesión en gran abundancia (pág. 72), mientras que Yuan Kuang ve aquí la perfección completa de la grandeza y la riqueza del haber (pág. 127).

Según Wilhelm, la sentencia adivinatoria anuncia un «éxito sublime», y Yuan Kuang observa que este kua es perfecto y que el consultante tendrá un gran bien y una gran libertad de acción.

Por una parte, el hexagrama está compuesto por un solo trazo maleable que ocupa el lugar preeminente y por cinco trazos positivos que lo rodean y se le corresponden a la perfección. Por otra parte, su estructura está formada por los dos trigramas

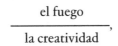

el fuego
——————————,
la creatividad

al igual que el kua anterior, pero dispuestos de una manera inversa.

Es la imagen de un hombre que permanece modesto y amable en una posición elevada y al que todos los bienes le acuden espontáneamente.

La progresión de los trazos se refiere a la progresión hacia la riqueza y el poder. El tercer trazo, sin embargo, alude a un hombre inferior que considera la función o los bienes que tiene a su cargo como una posesión privada y hace de pantalla entre la multitud y el superior. A partir del cuarto trazo hay una tendencia a la superación del haber, de manera que la felicidad solo se mantiene a condición de permanecer de este lado de lo que es posible y de no apurar las propias ventajas. El quinto trazo se refiere a alguien que se encuentra en el momento de su poder más elevado y su riqueza más grande: este momento puede mantenerse en la medida en que el que goza de él sabe evitar una condescendencia o una dulzura excesivas y sabe conservar hacia los inferiores la severidad que impone el respeto. En cuanto al sexto trazo, sugiere una situación en que la riqueza del haber alcanza tal límite que el consultante ya no saca de ello ningún provecho: no se prevale de sus bienes, y esta humildad y modestia en su uso le valen la ayuda del cielo y un presagio de felicidad.

KUA 15

K'ien: Respeto, condescendencia, benevolencia, modestia.

Texto I

Si esta virtud crece en él, el sabio tendrá un destino afortunado.

Comentario I

La regla del cielo es derramar hacia abajo sus favores y hacer brillar la luz; la de la tierra es llevar su actividad de abajo arriba. La vía del cielo es despojar al arrogante y colmar de bienes al humilde. La de la tierra es derribar la fortuna del soberbio y hacer sobreabundar al humilde. Los espíritus abaten al orgulloso y favorecen al humilde. La vía del hombre es odiar al soberbio y amar al humilde. La modestia honrada brilla; rebajada, no prevarica. Es el fin supremo del sabio.

Simbolismo

El hexagrama representa la tierra que tiene debajo una montaña. Así, el hombre superior hace disminuir lo abundante y aumenta lo que está en indigencia y, ordenando de manera proporcional todas las cosas, establece la paz y dispensa sus favores.

TEXTO II

1. Allí donde se respeta al sabio, se saldrá felizmente de las dificultades. [Hay que mantenerse mediante el rebajamiento de uno mismo. *Com. II.*]

2. El respeto que se manifiesta fuera tiene el más afortunado efecto [cuando está establecido en el centro del corazón. *Com. II*].

3. El sabio diligente y respetuoso será feliz hasta el final. [Todos se someterán a él. *Com. II.*]

4. Siempre es ventajoso aumentar el respeto y la modestia y no sobrepasar la medida de la moderación.

5. Incluso sin riquezas, uno será amado y ayudado por sus conciudadanos si es respetuoso y benévolo. Pero, respecto a los insumisos, es bueno utilizar la coacción e incluso las armas.

6. Si la bondad no es comprendida, entonces hay que poner las tropas en movimiento y castigar a las ciudades y los Estados. [Si la bondad no triunfa. *Com. II.*]

Nota. Es una continuación del punto 5, separada para tener los seis párrafos obligados.

OBSERVACIONES

K'ien significa para R. Wilhelm la modestia (pág. 75). Este es también el sentido que le atribuye Yuan Kuang (pág. 130).

Según Wilhelm, la sentencia adivinatoria precisa que la modestia crea el éxito. Y Yuan Kuang dice que «esta trae consigo una vía natural de libertad al poseer unas virtudes y no prevalerse de ellas». Este hexagrama es, pues, continuación, en cierto modo, del kua 14, que en su punto culminante sugería que la grandeza del haber solo se mantiene gracias a la humildad.

El hexagrama está compuesto por los trigramas

la receptividad, la tierra
———————————————·
la montaña, la detención

Las correspondencias simbólicas que le están asociadas sugieren la disminución de lo superfluo y el aumento de lo necesario con una tendencia general hacia la igualdad.

Tal como se observa en todos los hexagramas, los últimos trazos del kua se refieren ya a un «exceso de modestia» y tienen tendencia a convertirse en su contrario. El quinto trazo subraya en particular que la modestia y la dulzura no tendrían efecto si no se les añadiera la coacción y el uso de las armas hacia los que se resisten. Y Yuan Kuang dice que «el exceso en la modestia sería no someter a los que se resisten a la benevolencia y a la modestia». La misma necesidad resulta preponderante en el sexto trazo, pero, según los comentadores, la fuerza es entonces insuficiente para imponerse fuera y apenas es buena para gobernar la propia casa. En este trazo, la modestia ha agotado su vía.

KUA 16

Yú: 1. Dignidad, majestad. 2. Contento, satisfacción, goce.

TEXTO I

La dignidad hará establecer de manera ventajosa a los jefes feudales y conducir los ejércitos. (Un príncipe lleno de dignidad lo conseguirá.)

COMENTARIO I

El poder fuerte, que hace triunfar convenientemente su voluntad y actúa con condescendencia, posee la verdadera majestad. Su condescendencia es semejante a la del cielo y la tierra; actúa como ellos. ¿Cómo no podría establecer sólidamente a sus vasallos y guiar sus tropas? El cielo y la tierra actúan con condescendencia. Por eso el sol y la luna no se detienen y las cuatro estaciones no se ven alteradas en su curso. El hombre grande y sabio actúa del mismo modo. Por esa razón sus leyes y castigos son justos y el pueblo se somete a ellos. Es una cosa muy grande la dignidad noble.

TEXTO II

1. Una dignidad que se manifiesta estrepitosamente (o bien: un

goce estrepitoso, como segundo sentido) es cosa funesta. [La voluntad se agota. *Com. II.*]

2. El goce que se apoya en la roca tendrá pronto éxitos felices.

3. Si alguien dirige una mirada ávida a los goces y se entretiene en ello, tendrá motivos para arrepentirse.

4. Con la dignidad se adquiere la grandeza, grandes bienes, no hay que dudar de ello. Los amigos acudirán, numerosos y apresurados. [Los deseos se cumplirán completamente. *Com. II.*]

5. El placer es una enfermedad crónica que se perpetúa y crece aunque no se muera por ella.

6. Si el que se ha entregado a los goces se corrige completamente, evitará los males que son su consecuencia. [Si continúa, esto no podrá durar. *Com. II.*]

Simbolismo

El kua está formado por el trueno que sale de la tierra con estrépito. Los antiguos tocaban música acorde y honraban la virtud. Al ofrecerle sus adoraciones supremas a Shang Ti, hacían libaciones a sus antepasados.

Observaciones

Yû significa para R. Wilhelm fervor, entusiasmo (pág. 78), mientras que Yuan Kuang, más próximo al P. De Harlez, ve ante todo un sentido de satisfacción y de contento, de dignidad y de estabilidad (pág. 133).

Compuesto por los dos trigramas

lo excitante, el trueno
_____

la receptividad, la tierra

el kua sugiere la imagen del rayo que sale de la tierra, es decir, de la positividad, que al principio está oculta y después aparece con estruendo para, finalmente, expandirse con tranquilidad. Los comentadores ven en él el impulso feliz de la fuerza, expresada por el cuarto trazo, impulso que provoca el ardor y el entusiasmo de la multitud (los cinco trazos negativos).

El primer trazo se refiere a un impulso sin reserva ni moderación, cuya satisfacción estridente y vanidosa solo puede tener consecuencias nefastas. Los trazos segundo y cuarto son los que ofrecen un presagio más favorable. Los otros trazos sugieren un exceso del que no tiene por qué resultar la desgracia, pero que, al no cesar, compromete la situación adquirida.

La alusión a los jefes feudales y a los ejércitos se interpreta, desde el punto de vista adivinatorio, como la necesidad de disciplinar el ardor y el entusiasmo para que no degeneren en alborozo sin freno. Asimismo, la música es evocada por la calma que aporta a las tensiones del corazón y a esos ardores que el rayo y el trueno señalan en el hexagrama. Al principio del verano, los antiguos chinos organizaban ceremonias en las que la música y las pantomimas se utilizaban como medios catárticos a fin de que la oscuridad de las pasiones se transformara en inspiración y homenaje al cielo.

KUA 17

Sui: 1. Respeto, sumisión, conformidad a lo que debe ser.
2. Complacencia. 3. Fidelidad al deber. 4. Consecuentemente,
en este caso.

Texto I

Esta virtud hace recorrer felizmente las cuatro fases de la existencia (véase kua 1) sin desmayo ni error.

El fuerte que cede al débil y la acción en la satisfacción constituyen *sui*.

Comentario I

Su éxito es grande. Por ella, el mundo lo tiene todo en su tiempo. La importancia de actuar conforme a las necesidades de los diversos tiempos es de las más grandes.

Simbolismo

Este hexagrama está formado por el trueno bajo un agua estancada. El sabio, cuando se acercan las tinieblas (de la noche o de la tormenta), vuelve a su casa tranquilo y se mantiene en reposo.

1. El magistrado, si ha cometido faltas y las corrige, será feliz. En sus relaciones con los hombres, en el exterior, adquirirá los méritos por su bella conducta.

2. Si frecuenta a los jóvenes y deja de lado a las personas de edad avanzada (y sabias), no es digno de que se tengan relaciones con él.

3. Si hace lo contrario, en este caso (cuarto sentido, *sui*) llegará al bien, a la posición deseada; permanecerá firme y recto, su pensamiento abandonará toda bajeza.

4. Lo que se obtiene por complacencia (censurable) tiene un provecho funesto. Cuando uno se comporta con rectitud sincera y permanece en la vía de la verdad, adquiere grandes méritos. [¿Qué pesar podría temer? *Com. II.*]

5. El comportamiento recto, que se atiene siempre a lo que es bueno, fructificará en éxito. [Así ocurrirá con el hombre con un cargo que mantenga siempre el medio. *Com. II.*]

6. Cuando el vínculo del afecto y de la sumisión (en los súbditos) es fuerte, el rey puede ofrecer sacrificios en las montañas del Oeste. Puede comunicarse con los espíritus; la unión entre los hombres y los espíritus es entonces perfecta. [Los sacrificios son atendidos. *Com.*]

Observaciones

Sui tiene, en esencia, tanto para Wilhelm como para Yuan Kuang, un sentido de seguir (pág. 82).

Según Wilhelm, la sentencia adivinatoria anuncia un éxito sublime y precisa que es propicio perseverar.

El hexagrama está compuesto por los trigramas

el pantano, el agua estancada
―――――――――――――――――――――――――,
el movimiento, el rayo

lo que sugiere que la positividad se encuentra debajo de la negatividad, que el superior se rebaja ante el inferior y que, por consiguiente, este sigue al primero con alegría. En conjunto, el kua indica una situación en que la adhesión alegre de los inferiores se obtiene a causa de que el superior da pruebas de condescendencia y de humildad. Pero tales relaciones solo carecen de peligro en la medida en que permanecen correctas y no esconden complacencias secretas. Si solo se puede «seguir» abandonando lo que es recto, es mejor, a pesar del placer de esos contactos, «volver a casa y mantenerse en reposo».

Según Wilhelm, el primer trazo indica con claridad que las circunstancias decisivas se transforman «y que es importante salir de casa para frecuentar a personas que crean obras» (pág. 83). Los otros trazos expresan las diversas posibilidades de seguir, ya sean favorables o desfavorables. El último trazo se refiere, según él, a un sabio que ya ha abandonado el mundo, pero en el que se fija un príncipe que le comprende y le llama para que le ayude en su obra. Este sabio vuelve entonces al mundo para ayudar al príncipe, lo que crea entre ellos un vínculo eterno. La alusión a las montañas del Oeste se refiere a los anales de la dinastía Zhu, cuyos soberanos honraban a los sabios que les habían servido y les concedían un lugar entre los miembros de la familia real en el templo de los antepasados de las montañas del Oeste.

KUA 18

Kû: Deliberación, confusión, trastorno, preocupaciones.

TEXTO I

La deliberación, cosa eminentemente útil, permitirá imponerse a las dificultades. Hay que deliberar tres veces antes de actuar; y luego tres días después (sobre las consecuencias).

COMENTARIO I

Si se delibera con prudencia, el mundo estará bien gobernado. Cuando se afronta un asunto, es preciso deliberar tres días antes y tres días después.

SIMBOLISMO

Es el viento bajo la montaña. El fuerte, encima; el pequeño, debajo. Sumisión en uno, rectitud firme en el otro. Es lo que representa el kua *kû*. Por eso el grande debe estimular al pueblo y desarrollar las virtudes.

TEXTO II

1. El hijo que tome en consideración las preocupaciones *(kû)* de su padre y piense en ellas no cometerá ninguna falta. [Las difi-

cultades tendrán para él una solución feliz si lo considera todo con cuidado. *Com. II.*]

2. El que considere las preocupaciones de su madre [mantendrá el justo medio. *Com. II*].

Nota. El texto dice lo contrario, pero debe alterarse. De él ha caído una negación, como prueban los comentarios. El párrafo 3 debe juntarse con el párrafo 2 y el párrafo 5, con el párrafo 1.

3. Nunca habrá que lamentar una gran falta ni hacerse un gran reproche [y ello hasta el final. *Com. II*].

4. Si tiene una indulgencia funesta (para con los defectos de su padre) y teme turbarle (con amonestaciones respetuosas), lo lamentará.

5. El hijo que tiene en cuenta las preocupaciones de su padre merecerá alabanzas [por sus virtudes. *Com. II*].

6. Cuando uno no quiere servir al soberano ni a los príncipes es que se preocupa demasiado por sus propios asuntos y que solo quiere ocuparse de ellos. Los objetivos deben ser moderados.

Observaciones

R. Wilhelm interpreta *Kû* como la acción sob[re lo] que está dañado, la eliminación de la cosa podrida (pág. 85), [mie]ntras que Yuan Kuang solo ve, igual que el P. De Harlez, «el moti[vo, l]a de tener un negocio, la deliberación, la reflexión» (pág. 139). Sem[eja]nte diferencia podría ser inquietante de no aclarar una vez [más e]l modo en que proceden los comentadores del *I Ch[ing] [al da]r un sentido a un hexagrama. Los significados de [Kû: examen,] deliberación, confusión, trastorno, preocupaci[ón, pe]ro [la gráfi]ca del carácter chino *Kû* sugiere una esp[eci]e [d]e [col]mena que contiene gusanos para la cría [y de a]h[í] [viene l]a idea de podredumbre.

Según Wilhelm, la [in]tenci[ón] [d]ivinatoria asegura que «la eliminación de (o el tr[ab]ajo so[bre] la cosa podrida obtiene un éxito sublime» y que «es [pro]pici[o cru]zar las grandes aguas».

El kua está compuesto por los trigramas

$$\frac{\text{la montaña}}{\text{el viento}}.$$

Sugiere el viento que sopla sobre la montaña y agita y destruye su vegetación. De aquí obtenemos de nuevo la idea de trastornos que hay que remediar mediante una deliberación enérgica y prudente, así como a través de esfuerzos constantes, análogos a los que requiere la travesía de las grandes aguas.

El conjunto de los trazos se refiere a una situación que, desde el punto de vista psicológico, se puede describir como un embrollo familiar. Se trata de un hombre enfrentado, o bien con sus padres reales, y más particularmente con su padre (según Wilhelm, se alude al padre en los trazos primero, tercero, cuarto y quinto, y a la madre en el segundo), o bien con los sustitutos de estos, la autoridad profesional o social, o la tradición misma. Se invita al hijo, pues, a eliminar lo que hay de podrido en el reino del padre y de la tradición, y este es el sentido profundo del hexagrama. El primer trazo alude ya a la muerte del padre, mientras que el sexto muestra a un hombre completamente liberado de las imágenes paternales y que ya no sirve «ni a reyes ni a príncipes». Se trata de alguien que se niega, por el momento, a ocuparse de los asuntos públicos y se esfuerza, mientras se aparta de la corrupción general, en crear valores nuevos para la humanidad futura. Wilhelm da como ejemplo de tal comportamiento el de Goethe tras las guerras napoleónicas.

KUA 19

Lin: Autoridad, superintendencia, función.

TEXTO I

El ejercicio de la autoridad no estará ocho meses sin disgustos.

COMENTARIO I

La autoridad firme crece poco a poco. Buena y complaciente, mantendrá el medio y observará sus deberes. Con la firme rectitud se obtendrá un gran éxito; es la vía del cielo. Al cabo de ocho meses podrá ocurrir algún mal; pero no durará (si uno es sabio).

SIMBOLISMO

La tierra por encima de las aguas estancadas. El sabio instruye sin descanso; forma y protege al pueblo sin poner límites.

TEXTO II

1. La autoridad que procede con sentimientos de concordia es una causa de éxito seguro. [Alcanzará su objetivo con seguridad. *Com. II.*]

2. Si actúa así, con seguridad obtendrá beneficios.

3. Complacerse en el poder por sí mismo no tiene más ventaja

ni atractivo. Si se rechaza este vano sentimiento, se ejercerá la autoridad felizmente.

4. La suprema autoridad debe ejercerse sin desfallecimientos [ejercida convenientemente. *Com. II*].

5. Saber ejercer bien la autoridad es necesario para el gran príncipe y es algo muy favorable. [El príncipe debe seguir la vía del medio. *Com. II.*]

6. La autoridad generosa y sincera es una fuente de felicidad sin sombra (sin causa de pesar). [Estas disposiciones deben mantenerse en el corazón. *Com. II.*]

OBSERVACIONES

Wilhelm interpreta *Lin* en el sentido de aproximación (pág. 88), mientras que Yuan Kuang ve esencialmente el de grandeza de la función (pág. 143). El sentido de aproximación es sugerido por el hecho de que los dos primeros trazos, que son positivos, avanzan hacia lo que es negativo. Es la imagen de un hombre en elevada posición que se ocupa del pueblo con deferencia.

Según Wilhelm, la sentencia adivinatoria anuncia un «éxito sublime» con la condición de perseverar, pero precisa que se presenta un peligro en el octavo mes. Se trata, pues, de reflexionar para hacer permanente la positividad simbolizada por los dos primeros trazos.

El hexagrama está compuesto por los trigramas

la receptividad, la tierra
———————————————
la serenidad, el lago

Sugiere, pues, la idea de un contacto estrecho entre la orilla y el agua, entre los superiores y los inferiores. Pero se puede decir también que, al ser estos dos trigramas femeninos, no se completan y no forman un conjunto duradero. De ahí la idea de que la positividad no es todavía bastante fuerte para ser constante y de que corre el peligro de agotarse al cabo de ocho meses. El único trazo verdaderamente desfavorable del hexagrama es el tercero, que se refiere a una autoridad ejercida con egoísmo. Pero los trazos más favorables son los dos primeros. El quinto no lo es más que a condición de delegar la autoridad a inferiores competentes, mientras que el sexto se refiere a una «autoridad del corazón», es decir, más a la de un sabio que a la de un príncipe.

KUA 20

Kwèn: 1. Mirar, contemplar, mirada. 2. Apariencia exterior, compostura 3. Gravedad, dignidad.

Texto I

Compostura, gravedad como la de alguien que está purificado y dispuesto para ofrecer el sacrificio y no hace la ofrenda; está lleno de rectitud, de dignidad severa.

Comentario I

Íd. Los inferiores lo contemplan y se conforman siguiendo su modelo. Al contemplar la vía espiritual del cielo y las estaciones (que se suceden) sin cambios, el sabio se conforma y establece su enseñanza en consecuencia.

Texto II

(Uso de los diversos sentidos de *kwèn*):

1. Un muchacho que mira; compostura del muchacho; no censurada en un hombre vulgar; digna de censura en un *Kiun tze* (hombre elevado y sabio). [Es el estilo del hombre vulgar. *Com. II.*]

2. Mirar, espiar por una puerta entreabierta. Lo que es bueno para una mujer. Pero esto puede acarrear la vergüenza. [Mirar a una mujer, desde una puerta abierta. *Com. II.*]

3. Mirar la propia vida (para dirigir) los propios actos (las idas y venidas), [a fin de no perder el camino recto. *Com. II*].

4. Venir a contemplar la majestad del imperio. Ser un afortunado huésped del soberano. [(Se dice de) un huésped ilustre. *Com. II.*]

Nota. Frase hecha con el sentido de visitar al soberano, hablando de un jefe feudal.

5. Contemplar la propia vida. El *Kiun tze* está por allí sin tacha. [Mirar a la gente. *Com. II.*]

Nota. Quien transformó el texto tuvo que multiplicar los párrafos para poder tener seis. Hay que eliminar el 5 y el 6.

6. Contemplar la propia vida. El *Kiun tze* está por allí sin tacha.

Simbolismo

Viento que pasa, que sopla sobre la tierra. Los reyes antiguos observaban (los caracteres) de los lugares y del pueblo para establecer su enseñanza.

El gran observador (representado por el trigrama del viento) se mantiene en un lugar elevado; el hombre benévolo y conciliador (representado por el trigrama de la tierra) se mantiene en el medio para inspeccionar y contemplar el mundo. *[Com. I, initio.]*

Observaciones

Wilhelm interpreta *Kwèn* como la contemplación, el aspecto, la vista (pág. 91). Yuan Kuang ve el objeto de la observación, el estrado expuesto a las miradas de los que están debajo (pág. 145).

Una vez más, el significado de *Kwèn* se desprende tanto del sentido propio de la palabra como de la estructura gráfica del hexagrama, que, con sus dos trazos masculinos situados encima de los cinco trazos femeninos, sugiere un estrado o una torre como las que había en la antigua China. Estas torres permitían gozar de una amplia vista sobre el territorio, mientras que, a la inversa, al estar situadas a menudo en lo alto de una montaña, podían verse desde muy lejos.

El kua está compuesto por los dos trigramas

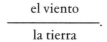

El viento alcanza a todas las cosas que se encuentran sobre la tierra, lo que proporciona la imagen de la mirada que recorre el horizonte. Los dos últimos trazos, positivos, se refieren al hombre superior que observa a la multitud de los hombres inferiores que los cinco trazos negativos simbolizan. Este hombre superior es él mismo observado por la multitud, de modo que el kua expresa un sentido de contemplación mutua. Las consecuencias de ello solo son afortunadas en la medida en que el que se encuentra en la posición elevada es consciente de ser observado y no olvida que la multitud calca sus actuaciones de aquel que la domina.

Cada uno de los trazos corresponde a un modo de contemplación u observación, de los que los textos dicen cuál conviene al hombre superior o cuál solo se tolera en mujeres o seres pueriles.

KUA 21

Shih hok: 1. Habladuría mordaz, malintencionada.
2. *Hok*: morder, mascar.

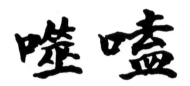

TEXTO I

Si la charla malintencionada se produce, provocará querellas y procesos.

COMENTARIO I

Shik, morder, quiere decir que uno tiene algo entre los dientes.

SIMBOLISMO

Trueno y relámpago forman el kua. Los antiguos reyes, al mostrar los castigos, establecían las leyes de manera firme. El fuerte y el débil, con sus lugares distintos y actuando con inteligencia, son el trueno y el relámpago unidos y brillando juntos. El débil está debajo y actúa hacia lo alto.

TEXTO II

1. Si (al hablador malintencionado) se le aprisionan los pies en las maderas y se le cortan las orejas, esto evitará los males. [Si no puede caminar, *puh hing. Com. I.*]

2. Morderle las carnes y cortarle la nariz está bien. [Hay que emplear la violencia. *Com. II.*]

3. Morder carne seca y dura y encontrar a personas malévolas es poca cosa si no se ha hecho nada censurable. (Es decir, tener dificultades y pesares y ser criticado es un mal menor frente a hacer cosas censurables.)

4. El que roe huesos para comer la carne seca conseguirá flechas de oro (tendrá el premio, la felicidad). Las dificultades le serán ventajosas, crecerá y se afianzará felizmente.

5. Conseguirá oro puro. Aunque su avance se efectúe en medio de peligros, no desfallecerá. Obtendrá una recompensa conveniente (continuación del punto 4, separada para tener seis párrafos).

6. Los pies en los grilletes y las orejas cortadas. Castigo terrible, ¿verdad? Pero (el malvado calumniador) oye (estas amenazas) y no comprende. *Com. II.* (Continuación del párrafo 1, separada para tener seis párrafos.)

Observaciones

Wilhelm interpreta *Shih hok* como morder de través (pág. 94), lo que confirma Yuan Kuang al afirmar que «hay un sentido de unión, de cortar el error, de habladuría picante, mordaz» (pág. 148). La figura gráfica del hexagrama sugiere una boca abierta con un obstáculo entre los dientes (el cuarto trazo). Para que la boca pueda cerrarse y los labios reunirse, hay que morder enérgicamente a través del obstáculo.

Según Wilhelm, la sentencia adivinatoria anuncia el éxito precisando que es «favorable dejar que la justicia siga su curso». Mientras que el kua 6 se refería a las consecuencias civiles de un proceso, el tema de este hexagrama se refiere a las leyes criminales. Esta idea es sugerida por el hecho de que cuando existe un obstáculo que hay que vencer por la violencia, las leyes y las penas son necesarias para superar las disensiones que aporta la vida social.

Los dos trigramas constitutivos son

$$\frac{\text{el fuego}}{\text{el rayo}},$$

lo que evoca a la vez el poder iluminador, lo que quema y lo que hace daño. Sin embargo, la posibilidad de proceso solo es evocada por los trazos 1, 2 y 6. En cambio, los trazos 3, 4 y 5 se refieren a una situación en la que es posible vencer el obstáculo sin que un proceso sea necesario. La acción emprendida está, pues, justificada, mientras que la de los trazos 1, 2 y 6 quiere arrancar el obstáculo empleando la violencia y, por lo tanto, provoca aflicción. De todos los trazos, el sexto es el más nefasto, por cuanto muestra un hombre que es presa de un exceso de positividad y que demuestra ser sordo y ciego a las advertencias más severas.

KUA 22

Pî: 1. Brillo, rayo, adornar. 2 Ejercer, hacer fuerte.

TEXTO I

El brillo, incluso desarrollado, se afianza poco por lo general, se haga lo que se haga. (La gloria y la fortuna no son duraderas.)

COMENTARIO I

El arte y la inteligencia forman la belleza, el esplendor del hombre. Consideramos los cambios de las estaciones según el orden del cielo. Formamos y perfeccionamos el mundo según la belleza humana.

TEXTO II

1. Uno fortalece sus pies, los adorna, dejando su carro y yendo a pie (por virtud). *Com. Kang teh.*

2. (Otro ejemplo de la palabra.) Adornar, arreglarse la barba, ponerla en orden, hacerla bella y reluciente. Imagen de la bella disposición, de la virtud.

3. Lo que está en orden *(Pî)* y bien dispuesto en el interior tendrá un desarrollo constantemente feliz, no sufrirá ningún daño *(Pî).*

4. Bella, sencilla como un grifo blanco, la muchacha no se casará con un ladrón, con un bandolero [sino que permanecerá sin tacha. *Com. II*].

5. El brillo *(Pî)* que adorna lo alto de las montañas y las colinas es primero delgado como un rollo de seda amarilla (en la aurora), pero acaba expandiendo la luz y la alegría. (Pintura de la aurora, de una felicidad naciente.)

6. El rayo *(Pî)* blanco es completo y perfecto (no excede en nada). [Regresa a la raíz de la luz y no tiene ningún color especial. *Com.*]; [es el término supremo. *Com. II.*] (Es la luz fundamental esencial; sin color ni matiz especial.)

Simbolismo

El fuego bajo una montaña forma el kua. El sabio hace brillar todos los principios, pero no cree poder zanjar todas las discusiones.

Observaciones

Pî significa para Wilhelm la gracia, la elegancia (pág. 98). Y Yuan Kuang ve el sentido de adornar y regularizar (pág. 151).

Según Wilhelm, la sentencia adivinatoria precisa que «la gracia obtiene el éxito», pero que «es propicio emprender pequeñas cosas».

Los trigramas constitutivos son

la montaña
———————
el fuego

lo que sugiere la idea del fuego que ilumina las cumbres y muestra el orden general de los seres y las cosas. En conjunto, el kua se refiere más a un comportamiento estético y formal que a una actitud que se preocupa del fondo de las cosas. Se trata, en esencia, de su apariencia visible, de su belleza, de su elegancia, de su perfección exterior. Por esto los textos dicen que solo hay éxito en las pequeñas cosas y que hay que limitarse a hacer brillar todos los principios sin tomar partido por uno o por otro. Según Wilhelm, Confucio se sentía desanimado cuando obtenía este hexagrama como respuesta. El comportamiento estético, que es el del artista, no corresponde, en efecto, más que a instantes de exaltación. Deja la vida sin cambios.

Para los comentadores, el primer trazo invita a renunciar a una facilidad que simboliza el carro y a encontrar la vía moral «yendo a pie» y adoptando una conducta más difícil. En cuanto al segundo trazo, expresa para Wilhelm la vanidad del que cuida su barba sin preocuparse del rostro, de modo que Yuan Kuang ve en él la imagen de un inferior cuyo deber es seguir a un superior a la manera de la barba que «sigue los labios del rostro en sus movimientos». El cuarto trazo expresaría una vacilación respecto al mejor comportamiento: el de la ornamentación o el de la simplicidad; la respuesta vendría del exterior, con el aspecto de un caballo blanco alado (el P. De Harlez lo traduce como un grifo blanco). Este es el símbolo de los pensamientos que trascienden el espacio y el tiempo, mientras que el blanco expresa la simplicidad. El texto de Wilhelm dice que «este caballo no es un bandolero y cortejará en el momento justo». Para Yuan Kuang, este trazo corresponde a una posibilidad de matrimonio o de unión. El quinto y el sexto trazos expresan la perfección en la ornamentación, hasta el punto de que el último se encuentra ya en exceso y se transforma en afectación. Pero el presagio es favorable para el quinto trazo, que expresa la unión de un hombre dulce y maleable con un sabio enérgico cuyos consejos acepta, mientras que el sexto solo puede evitar maquillar la realidad regresando a la simplicidad natural.

KUA 23

Poh: Oprimir, derribar, tratar duramente.

TEXTO I

Tratar con dureza no consigue nada.

SIMBOLISMO

Montaña (que pesa) sobre la tierra representa la opresión. Es también el grande que afianza al pequeño para dar seguridad a su propia hacienda. (Cuando los súbditos están seguros, trabajan, permanecen en paz y hacen prosperar la hacienda.)

COMENTARIO I

Poh, derribar, abatir. El pequeño (a veces) derriba al fuerte. El hombre vulgar crece. Se cede ante él, pero se intenta detenerle.

Considerando la forma del kua, el sabio presta una atención particular a las sucesiones de crecimiento y decrecimiento de los seres, de plenitud y despojamiento (vacío), semejantes a los movimientos del cielo (como el invierno que sucede al verano, la noche al día, etcétera).

1. *Poh*, echar abajo, hacer desplomarse la propia cama rompiéndole una pata y desmontándola (consecuencias funestas). [Es el grande, el príncipe, que se perjudica a sí mismo y empobrece y debilita a su pueblo. *Com.*]

2. *Íd.*, echar abajo la propia cama rompiendo su forma: ruina, resultado destructivo. Es el que se pierde a sí mismo y pierde a sus ayudantes; un rey, a sus ministros; un grande, a sus empleados y amigos. (Máxima.) [No tendrá compañeros. *Com. II.*] Es la ruina que se extiende y llega a lo alto.

3. Echar abajo, hacer desplomarse algo sin consecuencias lamentables. Es cuando se hace de manera legítima y con buenas razones. Esto es aplicable por igual a grandes y pequeños (o abandona). *Com. II.*

4. Echar abajo la propia cama lastimándose, perjudicándose a sí mismo, destrucción segura, calamidad próxima. *Com. II.* Continuación de la gradación: al echar abajo, uno se lastima.

5. El príncipe generoso para con la gente del palacio (lit.: que ensarta peces para regalarlos) obtendrá de ello ventajas seguras.

Quizá ya deberíamos admitir aquí el elemento figurativo y simbólico y ver en el hexagrama la figura del príncipe (línea entera superior) por encima de sus oficiales alineados como peces secos, y traducir así: tener oficiales como peces ensartados. Entonces se trataría de *p'o*, gente de palacio.

6. Fruto completamente formado que no se come (bien adquirido que se destruye). El sabio, el hombre superior, conquista la tierra (o adquiere un carro, el pueblo que lo lleva en sus brazos); el hombre bajo y vulgar hace desplomarse *(poh)* incluso su casa (el

fruto formado que no puede comer). [Ya no podrá utilizarlo más. *Com. II.*]

Poh significa para R. Wilhelm romper por ambas partes, hacer volar en pedazos (pág. 101), mientras que Yuan Kuang ve el sentido de desgaste por el uso, por frotamiento continuo (pág. 155).

El hexagrama está formado por cinco trazos negativos rematados por un trazo positivo, lo que simboliza el asalto a la positividad por la multitud de las negatividades, la posibilidad que tienen los hombres inferiores de arrastrar y derribar al hombre superior. Según los comentadores, su estructura gráfica sugiere también la imagen de una casa, y el trazo superior, la del tejado. Si el tejado está roto, la casa está en peligro de ruina.

Los trigramas constitutivos son

$$\frac{\text{la detención, la montaña}}{\text{la receptividad, la tierra}},$$

lo que, según Yuan Kuang, sería el símbolo de una alta montaña gastada por la erosión, es decir, en su base.

Según Wilhelm, la sentencia adivinatoria considera que «no es oportuno dirigirse a alguna parte». Y Yuan Kuang precisa «no decidir nada respecto a lo que se ha de emprender». Con anterioridad es necesario afianzar la base y proteger a los inferiores, sin lo cual todo el edificio amenazará ruina.

Los cuatro primeros trazos son manifiestamente nefastos. Pero la situación desfavorable se transforma en su contraria a partir del quinto. Los comentadores ven en él la ayuda que el hombre superior encuentra entre los inferiores de su círculo (la gente del palacio; es decir, la esposa, la concubina, los empleados, los sirvientes) para volver a poner orden en la multitud de negatividades. En cuanto al sexto trazo, que expresa el colmo del desorden, ven en él el presagio de un renacimiento de la positividad. Esta vuelve a ser la aspiración de la multitud, que, cansada de la decadencia, está dispuesta de nuevo a someterse a la autoridad del hombre superior que posee un carro y a «llevarlo en sus brazos». Si bien este último trazo expresa, pues, el fin de la vía del hombre inferior, anuncia el renacimiento de la positividad «por abajo»: es lo que va a mostrar el kua 24.

KUA 24

Fû: Reparación, corrección, enmienda, regreso al estado originario.

Si en sus relaciones y sus actos uno no ofende, los amigos vendrán y uno no se debilitará. Si uno corrige su comportamiento en sus actos cotidianos, durante siete días, tendrá éxito en todo lo que emprenda.

Comentario I

Corregirse es cosa favorable cuando uno se enmienda firmemente. Sucederá como indica el texto, si se actúa con condescendencia y sumisión a las reglas. Corregirse, como se ha dicho, es la manera de actuar del cielo. Se triunfará; la fuerza y la firmeza crecerán. ¿No vemos en esto el corazón del cielo y de la tierra?

Texto II

1. El que se enmienda pronto, el que se arrepiente sin resistencia, será especialmente feliz. (O: la pronta enmienda, el arrepentimiento sin resistencia, es supremamente favorable.) [Si se enmienda y se reforma. *Com. II.*]

2. Renunciar al mal y corregirse es cosa excelente. [Así se cede a la virtud. *Com. II.*]

3. La enmienda fuerte y persistente, incluso en medio de las dificultades, evitará todo mal. [Siguiendo el derecho. *Com. II.*]

4. El que sigue el camino del justo medio es el único que sabe restaurar su naturaleza. [Sigue la recta razón. *Com. II.*]

5. La enmienda generosa es sin pesar; [se regula de acuerdo con el justo medio. *Com. II*].

6. La ilusión, el error acerca de la propia corrección es un gran mal, una causa de desastres. El jefe del ejército, en este caso, sufrirá una gran derrota y causará a su rey unos males que diez años no podrán reparar por completo. [Es contrario a las reglas que debe seguir el príncipe. *Com. II.*]

Simbolismo

La tierra encima del trueno. Los antiguos reyes cerraban las fronteras durante el día del solsticio (o el séptimo día). Los comerciantes y los viajeros ya no podían pasar. Los príncipes no podían inspeccionar las regiones. Era una especie de reposo, de inacción forzada, como la del trueno encerrado y mantenido bajo tierra del hexagrama. De ahí esta cita.

Observaciones

Tanto Wilhelm como Yuan Kuang interpretan *Fû* como el retorno, la reparación (pág. 104).

La sentencia adivinatoria anuncia el éxito. El hombre superior que había tenido que anularse en el kua anterior renace en el presente hexagrama, gracias al trazo positivo que se eleva empujando ante sí la multitud de las negatividades. Para Yuan Kuang hay, pues, un sentido de libertad, de renacimiento, de libre circulación. Pero, como esta joven positividad es todavía débil, es necesario que se apoye en sus amigos para crecer y fortalecerse. Los comentadores interpretan la alusión del *I Ching* a los «siete días» como la necesidad que tiene el hombre superior de esperar siete modificaciones sucesivas antes de recuperar toda su positividad. Sería, pues, en un plazo de siete días o de siete meses cuando se realizaría el hecho por el que se consultaba el *I Ching*.

Los dos trigramas constitutivos, como hemos visto, son

la receptividad, la tierra
———————————————.
el trueno

Es, pues, el fuego interior lo que va a surgir.

De todos los trazos, solo el último es nefasto. Es la imagen de una ceguera sin remisión. Entre los otros trazos, el tercero se refiere a cierta inestabilidad en el comportamiento. Esta engendra el peligro, pero sus efectos más peligrosos pueden evitarse con la repetición del esfuerzo en la vía del retorno. El quinto trazo no alcanza la felicidad que desea, pero la generosidad de su actitud le evita todo pesar.

KUA 25

Wu wâng: Sin censura, irreprochable, honrado.

Texto I

Conducta irreprochable. Ausencia de mala conducta, de falta de rectitud, etcétera. Si uno no es recto y justo, ocurrirán desgracias. Todo será sin provecho, haga lo que haga.

Texto II

1. Cuando la conducta es irreprochable, toda iniciativa es acertada.

2. Se cosecha sin labrar, se siega sin haber sembrado. Todo sale bien en todo lo que se hace (cuando uno es íntegro). Continuación separada del párrafo 1.

3. Aquel cuya conducta es perfecta puede tener, sin embargo, alguna desgracia inmerecida. Es como un buey (inocente) atado: su conductor lo arrastra, la gente del lugar lo maltrata.

4. (Solo) la buena conducta puede prosperar sin reveses. [Tendrá una prosperidad segura. *Com. II.*]

5. El hombre honrado enfermo no tiene necesidad de medicina para estar contento. (Lo está por el testimonio de su conciencia.) [No debe probarlo. *Com. II.*]

6. Si los actos del hombre honrado acarrearan desgracias, ya nada daría provecho. [Sus actos acarrean en ocasiones el mal del agotamiento. *Com. II.*]

Con la rectitud se prospera en gran medida: es la orden del cielo. Si uno no es justo, será desgraciado, nada le saldrá bien. ¿Cuál es la consecuencia de la rectitud? ¿Qué acto del hombre irreprochable no secundará el cielo con su orden?

Simbolismo

El trueno retumbando bajo el cielo. Toda cosa es recta en su naturaleza.

En consecuencia, los antiguos reyes, en sus esfuerzos, se conformaban a las razones para mantener a sus pueblos. *Com. II.*

El fuerte de encima lo domina todo. (Trigrama del cielo.) Actuando con fuerza, establece con solidez. Mantiene el medio, es lo que debe ser. *Com. I.*

Observaciones

Wilhelm interpreta *Wu wâng* como la inocencia, lo inesperado, lo imprevisto (pág. 107), mientras que Yuan Kuang ve la ausencia de desorden por el acuerdo y la conformidad de la razón con el retorno a la vía racional (pág. 160).

La idea de improviso o de inesperado viene, según Wilhelm, de que el hexagrama se refiere a un modo de actuar instintivo, a una especie de espontaneidad natural de la que la voluntad está ausente. De ahí que ocurran acontecimientos imprevistos.

Los trigramas constitutivos son

$$\frac{\text{el cielo, la positividad}}{\text{el rayo, el movimiento}},$$

lo que sugiere la idea de una actividad conforme a la vía del cielo, de un movimiento determinado por el cielo. Si se recuerda que el trigrama del cielo es asimismo el del padre, se podrá ver también en este *kua* la expresión de un complejo paternal que determina la actividad.

Según Wilhelm, la sentencia adivinatoria anuncia un «éxito sublime», y precisa que «es propicio perseverar». Este éxito, sin embargo, parece ligado a una perseverancia sin acción, pues la acción personal chocaría con obstáculos interiores. En consecuencia, Yuan Kuang dice: «¿Por qué emprender lo que es contrario al destino? Que el consultante escuche la voz interior de su propia naturaleza». De esta manera el presagio favorable no contradice el texto según el cual «todo será sin provecho, haga lo que haga».

El segundo trazo expresa a la perfección esta idea de no hacer nada *a priori* y de «esperar las consecuencias ineluctables de la razón de ser de las cosas». No obstante, y aunque la interpretación final sea la misma, Yuan Kuang dice: «No se cosecha un arrozal antes de haberlo labrado», mientras que, por el contrario, el P. De Harlez traduce: «Se cosecha sin labrar», y Wilhelm: «Si se puede labrar sin pensar en la cosecha». El tercer trazo se refiere sobre todo a lo imprevisto, a una calamidad aparentemente sin motivo. Si bien los textos del P. De Harlez y de Wilhelm concuerdan en precisar que este trazo carece de culpabilidad, Yuan Kuang, por el contrario, lo ve sin justicia ni rectitud y lleno de un deseo que hace perder lo que se adquirió de manera ilegítima. El quinto trazo se interpreta de manera unánime como una apología de la naturaleza mediadora. En su perspectiva, no hay que combatir la enfermedad con medicamentos: se curará por sí misma. El sexto trazo indica el peligro de volver a actuar. Es un trazo que, en la acción, acarrearía desgracias.

KUA 26

Tá tchu: 1. Gran mantenimiento. 2. Domar, conducir.

Texto I

Gran, buen mantenimiento. Consolida y perfecciona. Si uno no arruina su casa (la devora), estará bien; atravesará felizmente las dificultades.

Texto II

1. Cuando sobreviene algún peligro, es bueno detenerse (vencerse), ceder a las circunstancias y no querer imponerse a ellas por la fuerza. *Com. II.*

2. (Como, por ejemplo, cuando) un carro ha perdido el cuero que lo mantiene en su lugar (en pie).

3. El que va con caballos bien cuidados, saldrá felizmente de las dificultades. Si se ejercita todos los días en conducir y combatir, todo le saldrá bien. (Continuación de la buena educación.)

4. El yugo, la tablilla que lleva el joven buey, es muy útil para domarlo y formarlo para el arado (segundo sentido).

5. Cuando un jabalí está castrado, domado, sus defensas carecen de peligro (y son más bien un instrumento útil). Arrancarle los dientes a un jabalí es privar a un malvado de los medios de hacer daño.

6. ¡Qué extensa es la vía del cielo! ¡Qué inmensidad para recorrer! *Com. II.* [Alusión a la forma del hexagrama, que representa una montaña encima del cielo. Se refiere a la expresión *tchu kih. Com.*]

COMENTARIO I

El gran mantenimiento es el fuerte que afianza su rectitud, su justicia, que desprende un brillante resplandor, que renueva cada día sus virtudes. Fuerte y elevado, pone la sabiduría por encima de todo; puede establecerse firmemente en una rectitud extrema. Mantiene sobre todo la sabiduría. Responde a las disposiciones del cielo.

SIMBOLISMO

Es una montaña en el cielo (el cielo en el medio). El sabio, al comprender toda cosa, discute primero y luego actúa, para mantener así su virtud.

OBSERVACIONES

Wilhelm interpreta *Tâ tchu* como «la fuerza coactiva de lo que es grande, el poder coactivo de la grandeza» (pág. 109). Yuan Kuang ve la idea «de la reunión, del reagrupamiento, de una gran detención» (pág. 163).

Según Wilhelm, la sentencia adivinatoria precisa que es propicio perseverar y cruzar las grandes aguas. De acuerdo con el comentario de Yuan Kuang, afirma que el hecho de no comer en casa es favorable y que el consultante puede liberarse de la preocupación de ser alimentado a expensas de la familia o del Estado.

Los trigramas constitutivos son

$$\frac{\text{la detención, la montaña}}{\text{la creatividad, el cielo}},$$

lo que sugiere la idea del principio activo que forma las montañas, que acumula. El hexagrama tiene, pues, el sentido de una detención por acumulación.

El primer trazo expresa la ascensión que tropieza con un obstáculo bastante poderoso para obligar a detenerse. El segundo se refiere a la situación de quien tiene conciencia de sus dificultades y se detiene espontáneamente. El tercero sugiere un éxito basado en capacidades reales y la simpatía de los superiores, pero cuya esencia es la conciencia del peligro, «el ejercicio cotidiano de la conducta y del combate». El cuarto se refiere a la sublimación de los instintos. El quinto, a una situación análoga pero que, a causa de la transformación aportada a los impulsos originales, no permite alcanzar nada profundo o grande. El sexto se refiere a la vía del cielo, que, destruyendo todo obstáculo, abre los caminos de la libertad a una positividad a la que ya nada detiene.

KUA 27

Î: 1. Mantener, sostener. 2. Barbilla, lado de la boca. 3. Profundo.

Texto I

Mantener: acaba felizmente. (Es necesario) examinar con cuidado cómo se mantiene. Uno mismo debe buscar lo que es bueno para su boca.

Comentario I

Mantener la rectitud es causa de felicidad. Hay que examinar lo que mantenemos y lo que debe mantenernos. El cielo y la tierra lo mantienen todo. El santo mantiene la sabiduría para alcanzar por ellos a todos los pueblos. Grande es la oportunidad del mantenimiento.

Texto II

1. Dejando allí vuestra tortuga maravillosa (una de las cuatro especies de seres sobrenaturales), me miráis mientras muevo la barbilla (segundo sentido) (para comer). (Es una frase hecha que significa descuidar los bienes superiores para atender los bienes materiales.) Está mal. La tortuga celestial que indica el porvenir no se puede comer y por eso se la descuida.

Nota. Las apariciones de los animales celestiales indican las voluntades del cielo y del porvenir. Los otros son el unicornio, el dragón y el fénix.

2. Bajar la barbilla es trastocar las leyes morales. Levantarla hacia las alturas es ir al mal, a la desgracia. (Estas dos expresiones designan a los que son parásitos junto a pequeños o junto a grandes o, más bien, a los que se envilecen o apuntan demasiado alto.)

4. El que busca el alimento como un tigre que avanza paso a paso y mira fijamente conseguirá satisfacer sus deseos.

5. Si uno viola las reglas, aun cuando esté en vías de prosperar, no tendrá éxito definitivo ante las grandes dificultades.

3. El que actúa mal en la búsqueda de su sustento, caerá con seguridad. En diez años, no hará nada que le resulte provechoso. (Lit.: que no haga nada.) [Encontrará grandes obstáculos. *Com. II.*]

6. Buscar los medios de mantener a los hombres *(Com.)* es una cosa excelente, aunque difícil. Saldrá bien (si uno se aplica a ello). [Se obtendrá con ello la aprobación universal. *Com. II.*]

SIMBOLISMO

Una montaña encima del trueno (imagen del que reprime sus deseos y refrena sus tendencias). El sabio se observa así en sus palabras y modera el uso de los alimentos.

OBSERVACIONES

R. Wilhelm interpreta *Î* como las comisuras de los labios, la alimentación (pág. 112). Yuan Kuang ve el sentido de alimento, de subsistencia.

La idea de alimentación es sugerida por la estructura gráfica del hexagrama, que, con sus dos trazos positivos, evoca los labios y, con sus trazos negativos, la abertura de la boca. Es, pues, la boca abierta en busca de alimento, de sustento, de comida. También profiere palabras. De ahí una nueva idea, la de la ense-

145

ñanza oral, la del alimento de las palabras y las reglas que deben observarse.

Según Wilhelm, la sentencia adivinatoria asegura que «la perseverancia aporta la salvación». Y Yuan Kuang precisa que es importante meditar sobre lo que el hombre mantiene, física o moralmente, sobre la moderación necesaria tanto en el alimento como en el uso de las palabras.

Los trigramas constitutivos del hexagrama son

la montaña
———————————.
el trueno

El primer trazo, cuyo presagio es nefasto, se refiere a alguien cuya naturaleza interior, análoga a la de la tortuga mágica, es capaz «de vivir de aire», tal como esta lo hace, es decir, por sus propios medios, de una manera libre e independiente. Ahora bien, este trazo descuida las posibilidades de su naturaleza para abandonarse a una sencilla avidez material, lo que lo arrastra a la desgracia. El segundo trazo presagia también un resultado desfavorable, pues expresa una verdadera inversión: espera su alimento de los demás y lo pide incluso a los inferiores. La desgracia es inevitable, pues aquellos que intenta que le mantengan no tienen su calidad. El tercer trazo se refiere a una actitud pasional, anuncia que nada debe emprenderse en este sentido o que nada saldrá bien de esta manera durante diez años. El cuarto trazo es más favorable, aunque todavía cuenta demasiado con los demás para asegurarse el alimento: la imagen del tigre expresa la avidez, pero también una extrema concentración que asegura el éxito. El quinto trazo, según los comentadores, es favorable en la medida en que admite los consejos de la sabiduría, a causa de sus propias incapacidades, pero «no hay que cruzar las grandes aguas»: no hay, pues, aptitud para afrontar las verdaderas dificultades. Esta actitud, por el contrario, se le reconoce al sexto trazo, que es invitado a «cruzar las grandes aguas» y simboliza un preceptor, duro y enérgico, que, aunque rodeado de peligros, enseña y aconseja para el bien común.

KUA 28

Tá kvoh: 1. Gran exceso, defecto, infracción.
2. Atravesar, rebasar.

TEXTO I

Grandeza defectuosa. Apoyo débil que, afianzándose de todas las maneras, puede resultar útil. (Un defecto puede repararse.)

COMENTARIO I

Grandeza defectuosa, columna débil cuyas partes alta y baja lo son también. La fuerza defectuosa en medio de gente débil y dulce puede, si actúa tratando de satisfacer, afianzarse y prosperar en todo. La grandeza excesiva o defectuosa es una cosa funesta.

TEXTO II

1. Esto es susceptible de dos explicaciones: *a.* «Apoyarse en juncos» es un gran defecto; se doblan y no sostienen. *b.* Para colocar un objeto como estera de ofrendas, servirse de *mao* blanco es un error.

Nota. En vez de limitarse a rascar la tierra y allanarla.

(El *mao* blanco representa la pureza, la rectitud, *kiet tche. Com.* Esto, según el comentario, representa un exceso de precaución. *Kwéh hu wei sin*) (primer sentido).

2. (Otros ejemplos de cosas que van más allá de lo corriente.) Un viejo sauce, debilitado, que produce retoños, o un viejo que se casa con una mujer joven.

3. Una viga o un pilar demasiado débiles (véase texto I) son malos (no pueden soportar) (gran defecto).

4. Una columna alta y fuerte es buena. Toda otra columna es mala (oposición a lo que precede).

5. Un viejo sauce que produce una flor o una vieja que se casa con un hombre todavía joven, aunque no son censurables, no pueden ser alabados. La flor del viejo sauce no puede durar y el esposo de una anciana puede cansarse de ella. (Hechos que van más allá de las reglas corrientes.)

6. Mientras se cruza un río, entrar en él hasta la coronilla es cosa peligrosa (pero puede no ser censurable si se hace para ayudar a alguien, según el *Com.*) (tercer sentido). Fuerza desfalleciente.

SIMBOLISMO

Pantano que cubre árboles. El sabio, ante un poder vicioso, se mantiene solo sin temor y huye del mundo sin pesar.

Nota. Tenemos aquí una colección de expresiones proverbiales de las cuales varias se refieren a la forma misma del kua. En efecto, este puede representar más o menos una viga mellada por arriba y por abajo, o sea, muy defectuosa.

Vemos aquí, una vez más, cuán arbitrarias son estas divisiones en seis pares. El párrafo 3 no es más que la repetición del texto. Los párrafos 2 y 5 se confunden.

OBSERVACIONES

Tá kvoh significa para Wilhelm la preponderancia de lo grande (pág. 115) y para Yuan Kuang, gran exceso por movimiento (pág. 169).

La sentencia adivinatoria declara que «es propicio tener adonde ir» y anuncia el éxito. La idea general del kua es la de una positividad acumulada en exceso en el centro, mientras que las negatividades la rodean y es imposible apoyarse en ellas. Se trata, pues, de una situación extraordinaria de la que solo es posible salir con provecho si se muestran también unas aptitudes superiores a las de los hombres corrientes. De ahí la idea, expresada en los textos de Wilhelm y de Yuan Kuang, de la utilidad de retirarse o de la renuncia al mundo, gracias a lo cual el defecto puede repararse y el exceso puede reducirse a su justa medida.

Los trigramas constitutivos son

el lago, el pantano
——————————————— .
el viento, el árbol

La imagen es la del agua que, después de haber alimentado al árbol, acaba por sumergirlo y destruirlo.

El primer trazo se refiere a un exceso de humildad y de precaución. Sin embargo, los comentadores lo consideran un exceso justificado, por el hecho de que en tiempos extraordinarios vale más actuar con demasiada prudencia que con poca. Los trazos segundo y quinto tienen un sentido de engendrar, real o espiritualmente, pero mientras que el segundo se considera propicio, por cuanto se trata de un hombre de edad avanzada que obtiene una mujer joven, del quinto tan solo se dice que es «sin censura»; pero, según Yuan Kuang, «insólito y despreciable», al tratarse de una mujer vieja que toma un marido más joven y le domina, de modo que la esterilidad es el resultado de una situación que, en sí misma, no es ni favorable ni desfavorable. Los trazos tercero y sexto son nefastos, a causa de la violencia y del ardor irreflexivo que expresan. El sexto se considera, no obstante, «sin falta», pues su intención puede ser buena, pero no por eso el presagio deja de ser malo, pues la fuerza no está a la altura de la intención.

KUA 29

K'ân: Peligro, precipicio, caverna. *Tsa k'ân*: Correr grandes riesgos; exponerse al peligro por otro.

TEXTO I

La rectitud, el corazón fiel y adicto, triunfa. Sus actos tienen brillantez si persevera a pesar del peligro.

COMENTARIO I

Tsa k'ân es un peligro grave. El agua desbordada, pero que no lo llena todo (que representa el kua), representa los peligros en que se ha incurrido sin que se haya dejado de ser fiel. El corazón adicto triunfa. Cuando la fuerza conserva el medio, todo lo que se hace es bueno y meritorio. El cielo tiene sus peligros, que son insuperables. La tierra tiene los suyos en las montañas, los ríos y los barrancos. Los reyes y los príncipes disponen las cosas peligrosas con el objeto de salvaguardar sus Estados. El momento del peligro es muy grave.

SIMBOLISMO

El agua que se extiende a lo lejos (dos veces agua) forma el kua. El sabio, de una virtud constante, actúa de manera virtuosa y se dedica a la enseñanza. Derrama sus bienes como el agua.

TEXTO II

1. Correr peligros, como entrar en una cueva de un desfiladero peligroso, es cosa temible.

2. En los escollos peligrosos, si uno sabe moderar sus sentimientos, podrá salir de ellos felizmente. [Si se mantiene la moderación. *Com. II.*]

3. Si en todo y en todas partes uno no encuentra más que peligro y riesgos, los motivos de temor se acumulan, mientras que en tal peligro ya no hay expediente que pueda servir.

Ya no habrá socorro posible.

5. Pero si el peligro no es ineluctable, si una cueva en que uno se encuentre no está llena de agua y aún se puede allanar el terreno, se saldrá del peligro sin falta.

No ocurrirá ninguna desgracia.

4. Si uno ofrece sacrificios con sencillez (sin ostentación), con un vaso de espirituosos y un cesto de cereales, mientras que los asistentes solo tienen vasos de tierra, si con esta moderación uno se forma en la virtud, cuando tenga al principio dificultades y escollos se volverá irreprochable. (Medio de evitar los peligros.)

6. Peligro de aquel que, atado, ligado con ataduras triples, encerrado en un calabozo, no puede desde hace mucho conseguir liberarse. ¡Suerte funesta!

Tal es el que ha perdido la vía de la sabiduría.

OBSERVACIONES

K'ân significa para Wilhelm abismo (pág. 118) y para Yuan Kuang, la caída, la exposición a un peligro por otro (pág. 172).

Los trigramas constitutivos del kua son

$$\frac{\text{el agua, el abismo}}{\text{el agua, el abismo}},$$

lo que, por la repetición misma de la idea inherente a cada uno de ellos, expresa bien la idea del peligro, de la caída, del abismo que hay que atravesar. La acción es, pues, necesaria para poder salvar los peligros. Y hay éxito, por medio del corazón, si uno permanece sincero y perseverante.

Según los comentadores, el primer trazo es nefasto, por cuanto correspondería a «una pérdida de la vía»: débil, aunque habituado a los peligros, no consigue resistirlos. El segundo trazo resiste más y consigue protegerse. En cuanto al tercero, es evidentemente nefasto e indica la imposibilidad del esfuerzo para salir del peligro. El cuarto es más favorable y utiliza la sinceridad del corazón para conmover a las personas a las que conviene convencer. El quinto, aun encontrándose todavía en medio del peligro, permite no obstante entrever su fin. En cambio, el sexto apenas deja ninguna esperanza; los textos de Wilhelm y de Yuan Kuang hablan de una posibilidad de prisión y de una pérdida de la vía durante tres años.

KUA 30

Lî: Brillo, brillante, bello exterior, éxito.

Belleza, lo bello exterior se desarrolla y acaba como en la cría de un animal doméstico (que, bien cuidado, está gordo, bello y lustroso).

COMENTARIO I

El sol y la luna brillan en el cielo; los cereales, las plantas, brillan en la tierra. Un doble resplandor brilla en todo lo que es recto y justo y transforma, perfeccionándolo, todo lo que existe en este mundo.

TEXTO II

1. Cuando la conducta es culpable, pero uno se esfuerza en rectificarla, evitará toda censura. [Si uno trata de evitar toda falta. *Com. II.*]

2. El brillo más bello es el del amarillo. [Es el color que ocupa el centro entre todos. *Com. II.*]

3. Cuando el brillo del sol declina, ya no inspira alegría, sino tristeza. (Lit.: ya no se hace música con instrumentos de tierra ni

cantando, sino que es el gemido de un anciano. El conjunto indica la decadencia y la tristeza que produce.) *(Com.)* [El brillo del sol no puede durar siempre. *Com. II.*]

4. La luz del fuego aparece súbitamente. Quema, da la muerte. No se puede soportar.

5. Cuando el príncipe emprende la expedición, se llora y se grita. Y así debe ser, pues sale para ir a castigar a los rebeldes y a los malvados.

Nota. En los primeros tiempos del Imperio chino, los pueblos recién conquistados se rebelaban constantemente. Cada primavera, el soberano chino tenía que hacer alguna expedición para dominar a los rebeldes. Llegó a ser como una tradición.

En sus brillantes hazañas, rompe la cabeza de los jefes y recibe a discreción a los que no se han asociado a la rebelión. Así, no incurre en ninguna censura. [Esto ilustra el poder, el brillo de los reyes y los príncipes. *Com.*] [Estas expediciones tienen como finalidad restablecer el orden y la justicia. *Com. II.*]

Simbolismo

La luz del sol doblada (por arriba y por abajo) forma el kua. El gran hombre hace brillar así sus cualidades cada vez más en las cuatro regiones.

Observaciones

Wilhelm interpreta *Lî* como el fuego, lo que se adhiere, lo que brilla (pág. 121), mientras que Yuan Kuang ve el sentido de confluencia y separación, luz, éxito (pág. 173).

Los trigramas constitutivos son

el fuego
———————— ,
el fuego

lo que, a decir de Wilhelm, sugiere la idea de la naturaleza transfigurada.

La sentencia adivinatoria asegura que la perseverancia aporta el éxito y la cría de la vaca, la salvación. Así pues, hay que alimentar y desarrollar, tal como se hace con los animales domésticos, a fin de obtener, por la belleza, la elegancia y la luz así adquiridas, la unión y la confluencia con el objeto buscado.

El primer trazo expresa cierta vacilación en la gestión y en la elección del apego: necesita el retraimiento para no dejarse arrastrar por la multiplicidad de las impresiones y para elegir la que conviene. El segundo trazo es favorable: utiliza la elegancia de la forma, del arte y de la cultura y, con ella, opera una elección perfecta entre los objetos que lo solicitan. El tercero es desfavorable si no consigue contentarse con la situación mediocre simbolizada por el sol poniente: es un trazo senil. El cuarto expresa una precipitación y una violencia tan grandes que el presagio es de muerte y abandono; se refiere también a un exceso de inteligencia, a una intelectualidad tan absoluta que acaba por quemar y consumir la vida. El quinto trazo es doloroso, pero sin culpabilidad: las lágrimas y los gemidos resultan de la situación presente y de la ascesis que esta necesita. No obstante, sus resultados son favorables, ya que desemboca en una especie de conversión del corazón. En cuanto al sexto trazo, separado del párrafo 5 del P. De Harlez, se refiere directamente a las expediciones punitivas y a las penas que estas utilizan para restablecer la disciplina.

KUA 31

K'an y *Hiên*: 1. Reunir, poner de acuerdo. 2. Mover, conmover el corazón, excitar el sentimiento (excitación física y moral); estar en movimiento, moverse. 3. Armonía, rectitud, sinceridad.

Texto I

El sentimiento de unión, de afecto, conduce a casarse.

Simbolismo

Un pantano por encima de una montaña. El hombre superior se rebaja para acoger a todo el mundo (como el agua sobre la montaña).

Comentario I

Hiên tiene el mismo sentido que *K'an* (segundo sentido). El fuerte arriba, el débil abajo (según la figura), sus influencias se unen y se armonizan. Es la estabilidad y la satisfacción. El hombre que se inclina hacia la mujer es la condición de un matrimonio próspero. El cielo y la tierra lo ponen todo en movimiento y todo se forma, nace. El santo mueve el corazón de los hombres, y el mundo conoce entonces la paz y la concordia. Al ver estos diversos movimientos, se pueden comprender los sentimientos del cielo y de la tierra.

1. Tomar y mover el dedo gordo del pie; rebajarse por condescendencia *(Com. II)*. [Figura que significa también moverse para tomar algo situado más abajo. *Com.*]

2. Menear las carnes al andar es una mala compostura. (Es decir, andar con tanta prisa y turbación que la carne de la pierna se menee. Movimientos contrarios al justo medio y a la gravedad.)

3. Andar juntando las piernas y apretándose contra la persona a la que se sigue es un comportamiento censurable. (Uno no podrá evitar los golpes. *Com.*) [Lo que resulta de ello es el rebajamiento. *Com. II.*] *Cf. Siao Hio*, libro II, §156, que prescribe andar un poco por detrás de una persona honorable.

4. La rectitud firme es causa de éxito (tercer sentido) y aleja de todo pesar. Una conducta dudosa aleja a todo el mundo. Los amigos apenas conservan el afecto.

[Todo está bien mientras uno no se deja llevar al mal; el comportamiento dudoso carece de grandeza. *Com. II.*]

5. «Estar conmovido hasta la carne de los hombros» indica pensamientos generosos y vivos. (*Com. Tchong tao*, II, f. 3.)

Dicho que representa una emoción profunda.

6. «Mover las mandíbulas y la lengua» significa hablar demasiado. [Esto designa una boca ávida de palabras. *Com. II.*]

Nota. Aquí tenemos una serie de frases hechas y familiares cuya base común es la idea de mover. El párrafo 4 es el único que se refiere a *Hiên*, concordia, y el párrafo 3, a «reunir moviéndose». El *Com. I* habla de los movimientos generales de la naturaleza según la ontología y la moral chinas. Los párrafos 1 a 3 señalan maneras de actuar y de comportarse contrarias a las reglas del decoro, de esos ritos que formaban la base de la organización social y de la moral en China.

OBSERVACIONES

Wilhelm y Yuan Kuang presentan este hexagrama bajo el único carácter *Hiên*. El primero le da el sentido de influencia, reclutamiento, cortejo y petición de matrimonio (pág. 125), y el segundo, de unión de la muchacha y el muchacho (pág. 178).

La sentencia adivinatoria anuncia el éxito y dice que es propicio perseverar: «Casarse aporta la salvación».

Los trigramas constitutivos son

$$\frac{\text{el lago, el pantano, la muchacha}}{\text{la detención, la montaña, el muchacho}}.$$

Este kua es el primero de los cuatro que expresan la unión sexual del hombre y la mujer. Su estructura indica, sin embargo, que la muchacha está sobre el muchacho, lo que suele interpretarse como la vía del placer y la de los prometidos: el muchacho se rebaja ante la muchacha. Y este sentido también se puede atribuir de manera simbólica a todo asunto por el que se consulte el *I Ching*, a toda unión que necesite una gestión. Este hexagrama de la petición de matrimonio se convierte, por consiguiente, en el de la influencia mutua que ejercen los seres unos sobre otros.

Según los comentadores, el primer trazo no hace más que indicar un deseo o una posibilidad de influencia sin que haya ya un resultado en el mundo exterior. El segundo es desfavorable en la medida en que hay movimiento, y solo la calma puede asegurarle la salvación. El tercero contiene un peligro por cuanto, incapaz de iniciativa por sí mismo, su corazón le lleva a seguir lo que es inferior: debe, pues, conservar la calma si quiere evitar las lamentaciones. La felicidad del cuarto está sometida a la rectitud de su conducta. El quinto se refiere a una sensibilidad inconsciente cuya vivacidad y espontaneidad son demasiado grandes para permitir una influencia real sobre los demás: los impulsos del corazón remiten demasiado a los deseos egoístas. En cuanto al sexto trazo, vano y superficial como la lengua, no puede alcanzar una irradiación que obedece más a lo que se es que a lo que se dice.

KUA 32

Hâng: 1. Constancia, permanencia, estabilidad. 2. En todas partes, completamente. 3. Luna casi llena.

TEXTO I

La virtud firme, cuando se desarrolla sin desfallecer, llega a su perfección y procura beneficios en todo y en todas partes.

SIMBOLISMO

Trueno y viento forman el kua. El sabio permanece firme y no cambia de conducta.

TEXTO II

1. El que hace esfuerzos extremos para afianzar su posición difícilmente lo conseguirá. Es el que hace esfuerzos desmesurados y pretenciosos.

3. El que no hace que su virtud sea constante perpetuará su vergüenza y solo completará sus errores.

2. Al alejar toda falta, se asegura la estabilidad (y no mediante esfuerzos). O: la constancia aleja toda falta. Esto no es más que un compuesto de términos augurales para completar el número.

4. (Un hombre sin virtud es) un terreno sin caza.

Nota. Esto no es sino la continuación del párrafo 3 y se refiere a la ausencia completa y permanente de caza, a «en todas partes, completamente» (segundo sentido) o a la imagen de la luna, que es como una tierra desierta.

5. Uno debe perpetuar sus virtudes; pero cada uno las suyas, las del marido no son las de la esposa. [La mujer sirve a un hombre y esto es todo hasta su muerte. El hombre determina el derecho. Servir a una mujer no es apropiado para él. *Com.*]

6. Una excitación continua *(hang)* es cosa funesta. Buscar la estabilidad con los propios esfuerzos es un error. [Depende de lo alto (del cielo). Estos esfuerzos no tendrán resultado ni mérito. *Com. II.*] Esto es una repetición del párrafo 1. Se trata de la posición de un hombre en el mundo, de su destino en este mundo. Esto depende del cielo y no de los esfuerzos de los hombres.

COMENTARIO I

Hâng indica constancia y permanencia. Es el fuerte arriba, el débil abajo (véase el kua), el trueno y el viento en comunicación y concordia. Es el motor y lo movido dócil, la constancia favorable y la estabilidad en la propia vía. Los procedimientos del cielo y de la tierra se perpetúan y no cesan nunca. El éxito reside en la perseverancia en lo que uno ha empezado.

El sol y la luna, al participar en el cielo, perpetúan su brillo. Las cuatro estaciones, que cambian y se suceden, pueden perpetuarse a la perfección. Si el santo persevera en su vía, el mundo se transforma y se perfecciona. En esta perpetuidad se pueden ver los sentimientos, las tendencias del cielo y de la tierra y de todas las cosas.

OBSERVACIONES

Hâng significa para R. Wilhelm duración (pág. 128), y Yuan Kuang ve el mismo sentido de duración, perpetuidad, constancia (pág. 181).

Según Wilhelm, la sentencia adivinatoria anuncia el éxito y declara que es propicio perseverar. Añade que es bueno saber adónde ir, lo que Yuan Kuang interpreta aconsejando quedarse en su sitio sin tratar de cambiar de región. Esta interpretación concuerda con el sentido general del hexagrama, que, como hemos visto, tiene un sentido de estabilidad y de constancia.

Los trigramas constitutivos son

$$\frac{\text{el rayo, el hijo primogénito}}{\text{el viento, la hija primogénita}},$$

lo que, de nuevo, evoca la idea de unión sexual. Pero, a la inversa que el kua anterior, en el que la muchacha estaba sobre el muchacho y este se rebajaba ante ella, en este hexagrama se respeta el orden habitual. El elemento masculino da el impulso (el rayo) y la mujer (el viento) lo recibe con simpatía. El hombre en el exterior, la mujer en el interior, es la imagen tradicional del matrimonio. Pero, una vez más, esta idea de la duración como condición de la institución matrimonial se refiere también a todas las situaciones en que una unión de los principios masculino y femenino exige semejante duración para tener éxito: así ocurre con la vocación de un ser y con la relación que cada uno debe establecer con su naturaleza profunda.

El primer trazo es desfavorable, por cuanto que trata de obtener la estabilidad demasiado deprisa, a pesar de que no está maduro para alcanzarla y de que la estabilidad se conquista poco a poco. El segundo es favorable por cuanto se ve capaz de discernir la relación exacta de las fuerzas de cada situación y puede, así, dirigir su propio impulso hacia sus posibilidades reales. El tercero solo obtiene afrentas por cuanto que carece de persistencia y debe conseguir una estabilidad que su situación hace posible. El cuarto persevera de manera errónea en una situación impropia, de modo que en ello pierde el tiempo y las fuerzas. El quinto es favorable para una mujer y nefasto para un hombre: si este obedece a la mujer, hay desgracia; si el hombre no hace más que seguir y escuchar a los demás, falta al deber de su dureza enérgica, pues solo en sí mismo debe encontrar las razones de sus acciones. El sexto también es nefasto por el desorden de sus movimientos y su perseverancia en la agitación: lo que le conviene es una conducta estable y no la agitación.

KUA 33

T'ún: 1. Retiro, oscuridad. 2. Retirar.

TEXTO I

La vida retirada tiene sus ventajas. El pequeño se afianza y se perfecciona.

COMENTARIO I

Íd. El fuerte, en una posición conveniente, actúa en conformidad con el tiempo. El pequeño (en la oscuridad) avanza y crece. Grande es la importancia del retiro.

TEXTO II

1. Retirar la cola (quedarse atrás) solo en presencia del peligro sirve de poco, se haga lo que se haga. Hay que retirarse a un lugar oscuro y tranquilo. [Si no se hace nada, no habrá peligro. *Com. II.*]

Nota. «Retirar la cola» es una expresión análoga a la que utilizamos aludiendo al avestruz: «Esconder la cabeza bajo el ala».

2. Si para retener una cosa se utiliza una correa de cuero de buey, nadie podrá arrancarla. [Uno será firme en su propósito. *Com. II.*] Si uno está alerta y retiene bien, tendrá éxito.

3. Para aquel que vive retirado y padece una enfermedad peli-

grosa, es bueno tener sirvientes o una esposa secundaria (para que lo cuiden).

4. Amar el retiro es bueno a los ojos del sabio, pero no para el hombre vulgar (que quiere mostrarse). [El sabio lo ama; el vulgar, no. *Com. II.*]

5. Complacerse en la oscuridad es una garantía de felicidad. [Pues entonces uno puede dirigir todos sus pensamientos hacia el bien. *Com. II.*]

6. El retiro en la abundancia procura todos los bienes. No hay duda.

SIMBOLISMO

El cielo sobre una montaña. El sabio se aleja de la gente vulgar no por odio, sino por dignidad.

OBSERVACIONES

T'ún significa retiro para Wilhelm (pág. 131). Yuan Kuang ve asimismo el sentido de retirarse hacia atrás, ponerse a cubierto, apartarse marchándose (pág. 184).

La sentencia adivinatoria anuncia el éxito y precisa que es propicio perseverar en las pequeñas cosas.

Los trigramas constitutivos son

$$\frac{\text{la creatividad, el cielo, el padre}}{\text{la detención, la montaña, el hijo más joven}}.$$

El kua muestra dos trazos negativos que se elevan, lo que debe interpretarse como la aparición de las fuerzas oscuras, de los hombres inferiores. Los comentarios de este hexagrama indican que hay en él cierta contradicción, pues el retiro no puede confundirse con la fuga ni con la renuncia a los deberes. Se trata de un retiro activo, exigido por unas circunstancias desfavorables y que puede ser solo temporal, ya que es susceptible de conferir las fuerzas necesarias para una lucha decisiva y prepararla.

El significado que los comentadores otorgan a cada uno de los trazos se desprende del propio texto. Según ellos, los trazos tercero y cuarto se refieren a la necesidad de abandonar a seres queridos para llevar a cabo el retiro. Si bien en el tercero no se indica que haya problema en tener sirvientes, esta necesidad indicaría que uno es incapaz de realizar grandes cosas. Todo el hexagrama es una invitación a superar los apegos personales que ponen trabas a la grandeza.

KUA 34

Tá tchuáng: Gran fuerza.

Da éxito y terminación.

COMENTARIO I

Tá tchuáng es el grande vuelto fuerte, el movimiento dirigido por la fuerza. Es también el fuerte, justo y recto. La rectitud y la grandeza manifiestan los sentimientos del cielo y de la tierra.

TEXTO II

1. Si la fuerza está en los dedos de los pies, se avanzará mal, aun cuando se tenga toda la voluntad del mundo. [La fuerza en los dedos de los pies indica su agotamiento, el de la virtud. *Com. II.*] [O, más bien, la fuerza en las cosas inferiores, accesorias. *Com.*]

2. La fuerza utilizada con prudencia *(ts'ong)* da el éxito final. [Cuando se mantiene el medio. *Com. II.*] (Se trata de otra expresión puramente augural que hay que suprimir.)

3. El hombre vulgar emplea la fuerza, el sabio no. El desarrollo, el empleo de la fuerza es peligroso. Al que la usa le ocurre como al

carnero, que embiste contra una cerca y en ella pierde los cuernos, que se quedan clavados.

4. Fuerza empleada con éxito como en el caso de una cerca atravesada por los cuernos de un carnero sin que estos se queden clavados. Es la fuerza, por ejemplo, de los ejes de un gran carro. [Avanza a pesar de todo. *Com. II.*] El texto está alterado, como lo prueba el comentario. *Yong* se repite por error.

5. La pérdida de un carnero que ha perdido toda fuerza no es de lamentar.

6. El carnero embestidor que, queriendo golpear una cerca, ya no puede avanzar ni retroceder y no tiene medios para salir de esa situación encontrará en esta dificultad incluso un medio de salvación. Al no poder golpear más, ya no volverá a engancharse los cuernos en un obstáculo. Ha pecado por falta de precaución, y esto le servirá de lección. [El lado bueno del accidente es que no prolongará su falta. *Com. II.*] (Esto es, la experiencia hace prudente.)

SIMBOLISMO

Tá tchuáng significa para Wilhelm el poder de lo que es grande (pág. 134) y Yuan Kuang ve el sentido de gran fuerza (pág. 187).

La sentencia adivinatoria indica que es propicio perseverar.

Los trigramas constitutivos son

el rayo, el hijo primogénito, lo excitante

el cielo, el padre, la creatividad

Se puede constatar que, a diferencia del kua anterior, el del retiro, que mostraba dos trazos negativos que subían hacia lo alto, el presente hexagrama muestra estos trazos negativos empujados por los cuatro trazos positivos que suben desde abajo. La positividad, pues, ya ha rebasado su justo medio y tiende a manifestarse con exceso. De aquí viene que varios trazos se refieran a una vio-

170

lencia que va más allá de sus derechos. En consecuencia, el presagio solo es favorable en la medida en que la fuerza expresada por el kua va acompañada de rectitud, de justicia, corresponde al orden y no se confunde con la violencia. Los trazos segundo y quinto son los más favorables. El sexto lo es de manera indirecta, pues es capaz de aprender la lección de sus excesos y de sus fracasos.

KUA 35

Ts'in: Avanzar, crecer, aumentar.

TEXTO I

Ts'in, crecimiento de la naturaleza, alegría y vigor como el de un príncipe que se sirve de caballos regalados, señor de una población en continuo aumento y que recibe todos los días numerosos regalos. (Tres veces al día da audiencia y recibe regalos.) (Prosperidad creciente.)

COMENTARIO I

Ts'in es avanzar, progresar. Es la luz que se eleva por encima de la tierra; la sumisión a la grandeza resplandeciente; el débil, bueno, que avanza, se eleva. Así es como el príncipe próspero recibe regalos como caballos, etcétera.

SIMBOLISMO

Es el sol que se eleva por encima de la tierra (la mañana). Así, el sabio hace brillar sus virtudes con gran esplendor.

TEXTO II

1. Tanto si avanza como si crece o disminuye, si uno es recto

173

será feliz. Si uno no ha merecido todavía una confianza absoluta, que sea firme y justo, y nada desagradable sucederá. [Que el hombre permanezca solo, firme y justo, incluso sin obtener ninguna función. *Com. II.*]

2. Tanto si uno tiene éxito como si sufre contrariedades, la rectitud firme le dará la felicidad. Se recibirá una gran prosperidad de los antepasados. [Los antepasados velan por sus descendientes y les protegen.]

3. Cuando todo el mundo os aplauda, se fiará de vosotros, estaréis a salvo de todo reproche. (Continuación del párrafo 2.) [Si se sigue la vía general *(Com.)*, la ventaja de ello será un comportamiento noble. *Com. II.*]

4. Avanzar como una rata (lleno de avidez y de temor) es algo que hay que evitar. [Es cuando se busca una posición que no es apropiada. *Com. II.*]

5. Cuando uno está a salvo de todo reproche (por su buena conducta), no debe preocuparse de pérdidas o ganancias. Se avanzará felizmente, no se carecerá de beneficios. [Uno será alabado por todos. *Com. II.*]

6. No hay que adelantar los cuernos (emplear la fuerza) más que para castigar a una ciudad culpable. Entonces está bien exponerse al peligro. Pero el éxito mismo no se produce sin pesar. (Hay que entristecerse por estar obligado a actuar con severidad.) [Estos actos no son brillantes. *Com. II.*] (No hay que gloriarse de ellos, sino hacerlos con pena.)

Simbolismo

Sol que sale de la tierra. Así el sabio hace brillar sus virtudes con gran esplendor. (Esta imagen del sol naciente es la que da la idea fundamental del kua, el avance, el progreso, etcétera.)

Ts'in significa para Wilhelm el progreso (pág. 137) y para Yuan Kuang, el hecho de avanzar, progresar (pág. 190).

Los dos trigramas constitutivos son

$$\frac{\text{el fuego, el sol}}{\text{la tierra}},$$

lo que se corresponde bien con la idea del sol naciente, de una claridad que sale de la tierra y avanza por el cielo elevándose. De ahí un presagio favorable de grandeza, de brillo que aumenta, de favores que se reparten entre los inferiores, de inteligencia irradiante que dispensa sus dones.

De todos los trazos, solo el cuarto es verdaderamente desfavorable: asociado a la idea de las ratas y otros roedores que solo medran de noche, está situado sin embargo en el trigrama del fuego y del sol, cuya claridad las ratas no pueden soportar; de ahí la idea de un progreso en una situación inadecuada y que provoca el peligro. El sexto trazo solo es afortunado en la medida en que se domina: tiende a actuar con precipitación y dureza excesiva, y su vía ya no es verdaderamente la de la luz. En cambio, el primer trazo, a pesar de los obstáculos, obtiene la felicidad si persevera y sabe situarse con grandeza y generosidad ante las dificultades. El segundo, aun estando ligado a cierta tristeza, acaba por conseguir su objetivo. El tercero avanza con el acuerdo de todos. Y todo es propicio para el quinto en la medida en que no se preocupa de lo que pierde o lo que gana y es capaz de desprenderse de todo sentimiento de interés particular.

KUA 36

Mîng î: 1. Luz herida, debilitada, que entra bajo tierra.
2. Luz que sale de oriente, brotar, *î.*

TEXTO I

Mîng î indica un progreso difícil de afianzar. (Términos adivinatorios interpolados.) Aprovechar las dificultades para perfeccionarse, ser recto y justo.

COMENTARIO I

Mîng î es la luz que entra bajo la tierra, brillante y dócil. Cruelmente tratado *(î)* y en grandes dificultades, es lo que fue Wen Wang.

En grandes dificultades y permaneciendo recto y firme en su corazón, es lo que fue Khi tze.

SIMBOLISMO

El sol entra bajo la tierra (la noche). El sabio, que gobierna a los hombres, incluso en la oscuridad misma sabe brillar.

TEXTO II

1. La luz que se debilita (el día que se acaba) en su vuelo baja sus alas (desciende bajo tierra). El sabio, en su ruta, sabe ayunar varios

días (antes que abandonar el camino recto). Vaya adonde vaya, los grandes hablan de él.

2. La luz (en su recorrido) es atacada por el lado izquierdo y rechaza el asalto con la fuerza y la rapidez del caballo. (O bien: se expande hacia la izquierda con la fuerza y la rapidez de un caballo que salva a su jinete.)

3. Va al sur y allí hace prisionero al gran jefe (de las tinieblas). No puede sufrir ningún daño.

4. Al ir hacia el lado izquierdo, uno se asocia con el pensamiento del principio luminoso, cuando sale de su palacio (para extenderse por el mundo).

5. Khi tze avanza, la luz le arrastra y triunfa definitivamente. O bien: el brillo que expande Khi tze es benéfico y firme.

6. Cuando la luz no brilla todavía y las tinieblas reinan, la luz se eleva primero en el cielo, se expande y después se inclina hacia la tierra. [Ilumina las cuatro playas y entra en la tierra perdiendo su medida. Marchan el sol y el día. *Com. II.*]

OBSERVACIONES

R. Wilhelm interpreta *Mîng î* como el oscurecimiento de la luz (pág. 140), y Yuan Kuang le da el sentido de heridas, accidentes perjudiciales (pág. 192).

Según él, los monjes taoístas confieren a este kua una interpretación «satánica». Le otorgarían el simbolismo de la «caída cósmica», al que está ligado el de la «regeneración». Entre los diferentes kuas, hay varios que evocan, por lo demás, ciertos mitos occidentales. El sexto trazo del kua 1, que se refiere a la cumbre de la positividad, tiene una similitud con el mito de Ícaro, tal como ya hemos indicado. El último trazo del kua 2, en el que la negatividad entra en conflicto con la positividad, de modo que ambas se hieren, evoca el crepúsculo de los dioses, tal como lo concibieron los antiguos germanos.

El presente kua, a pesar de su simbolismo metafísico, se refiere no obstante a una situación histórica precisa. Encuentra su origen en los acontecimientos de la vida de Khi tze, príncipe ilustre a quien Wuh Wang dio las provincias del este, cercanas a Corea, tras la caída del último soberano de la dinastía Yin. Khi tze, que era tío del tirano Sheou, había intentado detener los excesos de este; pero su sobrino le encarceló y no fue puesto en libertad hasta que Wuh Wang se hizo con el poder (1150 a. C.). Sin embargo, se negó a someterse al vencedor, quien le concedió las provincias del Este, adonde se retiró.

Los trigramas constitutivos son

la tierra
_____.
el fuego, el sol

Este kua es, pues, la inversión del que le precede. Mientras que en el hexagrama 35 la luz salía de la tierra, en este vuelve a entrar en ella. Pero el sentido es más fuerte que el de un simple declive: hay oscurecimiento, encarcelamiento, accidente, herida. En conjunto, este sentido no es, sin embargo, nefasto, ya que contiene la posibilidad de someterse a las condiciones exteriores sin abandonar las propias convicciones. Lo esencial es saber servirse de la propia oscuridad, utilizar las sombras y resistir a una luz que lo devoraría todo.

El primer trazo se refiere al comienzo del oscurecimiento, del que uno podrá no salir herido si es capaz de retirarse a tiempo y de ayunar, de no comer durante el tiempo necesario: hay que abandonar, por tanto, las propias funciones. El segundo trazo es favorable, aunque no puede evitar una herida ligera. El tercero obtiene un gran éxito por cuanto captura al jefe mismo de la oscuridad. El cuarto, al avanzar hacia la izquierda, llega a conquistar el corazón del príncipe de las tinieblas: al recibir sus confidencias más secretas, ya no puede dudar de que tiene que abandonar sus funciones, a menos que traicione sus ideales más entrañables. El quinto, que alude al príncipe Khi tze, que siguió viviendo en la Corte del tirano haciéndose pasar por loco para poder preservar su rectitud, sugiere que la luz no puede perecer y que, con perseverancia, se conseguirá la salvación. El sexto es el del colmo de la oscuridad: la luz se eleva primero en el cielo y luego cae a las profundidades de la tierra. Es el símbolo del que llega a destruirse a sí mismo y a poner fin a su destino.

KUA 37

Kiâ: Familia, casa.

Texto I

El hombre le da la prosperidad; la mujer la completa y la consolida.

Comentario I

La mujer ejerce las funciones en el interior; el hombre, en el exterior. La observancia de las reglas en sus actos y sus relaciones es el supremo derecho del cielo y de la tierra. El jefe de la casa posee la dignidad, la autoridad suprema. Es llamado padre-madre. Cuando el padre y los hijos, los hermanos mayores y los menores, los esposos son lo que deben ser, la casa está bien ordenada y el mundo está en perfecto orden.

Simbolismo

Viento que sale del fuego. El sabio habla de acuerdo con la realidad y mantiene una conducta siempre bien ordenada.

1. Aquel cuya casa esté bien protegida no tendrá nada que temer. [Es aquel cuya voluntad no varía. *Com. II.*]

2. Si no hay necesidad de salir fuera, sino que las provisiones se acumulan en el interior de la casa, esta será próspera. [Se necesita dulzura en la prosperidad. *Com. II.*]

3. Si los empleados domésticos son graves y atentos, temerosos y saben lamentar un error, todo irá bien. Si la esposa y los hijos son ligeros e indiscretos, el fin no será feliz. [Si unos no incurren en falta, los otros faltarán a las leyes de la familia. *Com. II.*]

4. Proveer la casa en abundancia asegura grandes éxitos. [Será cuando la complacencia (de los jefes) y la docilidad (de los subordinados) estén en su lugar. *Com. II.*]

5. Tener una casa poderosa es para el rey una fuente de seguridad (no deberá temer, etcétera.). [Es cuando hay un afecto mutuo entre sus miembros. *Com. II.*]

6. Recto, justo y lleno de majestad, el rey tendrá un final feliz. [La verdadera dignidad restaura a la naturaleza en su estado de integridad primitiva. *Com. II.*]

Observaciones

Wilhelm interpreta *Kiâ* como familia, parentela, clan (pág. 143). Yuan Kuang ve el sentido de hombre de familia, los personajes familiares, el interior de la casa, la razón de ser de las categorías sociales (pág. 198).

Los trigramas constitutivos son

$$\frac{\text{el viento}}{\text{el fuego}},$$

en lo cual los comentadores ven el viento que sale del fuego, llega fuera y actúa.

La sentencia adivinatoria precisa que «la perseverancia de la mujer es propicia». En la perseverancia de la mujer reposa la estructura familiar. Esta, sin embargo, solo se mantiene en la medida en que la autoridad es fuerte y severa. El primer trazo se refiere, por consiguiente, al hijo; el segundo y el cuarto, a la madre; el tercero y el quinto, al esposo; y el sexto, al padre. Todo este hexagrama evoca una estructura más amplia que la estructura familiar occidental, el clan, una noción que nuestras instituciones religiosas y civiles abandonaron hace mucho tiempo.

Suele considerarse que el primer trazo se refiere al orden de las conveniencias y la jerarquía que deben regir la vida familiar. El segundo, a la necesidad de que la mujer asegure el alimento en el interior de la casa, de que no busque satisfacer sus caprichos en el exterior, y de que en el hogar se convierta en el centro de la vida religiosa y social de una familia sometida a la autoridad del jefe de la casa, padre, marido o hijo. El tercero alude a una severidad excesiva que provoca los murmullos de la mujer y de los hijos. El cuarto, el quinto y el sexto son favorables, pues se conforman a la rectitud y la justicia.

Kwèi: 1. Diferente, opuesto, alejado, extraño.
2. Mirar fijamente.

Texto I

Kwèi, malos tiempos en los que solo salen bien los asuntos pequeños; los grandes, no.

Simbolismo

Fuego encima, agua debajo; desunión. Así, el sabio busca la unión y la distinción (justa y conveniente de lo que debe distinguirse).

Texto II

1. Cuando (no hay oposición, sino concordia, y) toda causa funesta desaparece (se vuelve a la unión como) un caballo perdido que vuelve solo sin que se le busque. *(Com.)* Aunque uno encuentre a un malvado, no ocurrirá nada enojoso (uno sabrá preservarse de sus golpes o evitar su contacto corruptor).

2. Si uno se pone de acuerdo de camino con su jefe, todo saldrá bien. *Com. II.* Uno no se equivoca de camino.

O: si uno encuentra a su jefe, es que no se ha equivocado de camino. *Com.* Si existe una discrepancia y los implicados se buscan y se ponen de acuerdo, se encontrarán sin efecto funesto.

3. (Efectos de la discordia, de las luchas.) Uno ve que arrastran un carro por la fuerza, agarran el buey y lo separan, maltratan al conductor y le cortan la nariz. Pero un comienzo molesto puede tener un buen fin, si la unión se restablece.

4. Solo en medio de la desunión, si el desterrado encuentra después a un hombre honrado, podrá tener relaciones llenas de rectitud y las dificultades anteriores no engendrarán más inconvenientes (para estos dos hombres).

5. Con la unión, toda causa de preocupación desaparece, los padres están unidos. [Lit.: se muerden la piel. Ello indica penetración, unión de sentimientos. *Com.*] Adondequiera que uno vaya, ya no hay más causas de pesar. [Uno es aprobado por todos. *Com. II.*] El grande es sincero con el pequeño. *Tcheou Yih*, etcétera. Sentido: cuando la desunión ha desaparecido, las familias están alegres, comen abundantemente.

6. Solo en la desunión, el desterrado es como alguien que ve un cerdo inmundo o un carro lleno de malos espíritus. Primero tensa su arco para disparar, y luego lo suelta. Si no es un malvado, un bandolero ladrón, y la suerte le es favorable, la felicidad volverá.

COMENTARIO I

Al moverse el fuego por encima y el agua por debajo, forman la oposición; lo mismo que dos hermanas que viven juntas pero que no se entienden. El afecto gozoso e inteligente hace que el débil y bueno avance, se eleve y alcance el medio, y concuerde así con el fuerte. Así, los asuntos pequeños salen bien. El cielo y la tierra, aunque separados, están unidos en su acción. El esposo y la esposa lo están igualmente y deben tener una sola voluntad. Todos estos seres son distintos, y sus operaciones, idénticas. El principio y la oportunidad de la distinción son cosas muy graves.

Wilhelm interpreta *Kwèi* como oposición (pág. 146), el mismo sentido que le confiere Yuan Kuang (pág. 199). Los trigramas constitutivos

$$\frac{\text{el fuego, la llama}}{\text{el pantano, la humedad}}$$

indican la oposición de dos elementos contradictorios, que los comentadores comparan con el desacuerdo entre la hija segunda y la hija menor, que se orientan hacia hogares diferentes. De ahí la idea de un éxito provisional y que solo se refiere a los asuntos pequeños. Como este kua no expresa ninguna forma de unión de lo masculino y lo femenino, no hay presagio de grandes cosas.

El primer trazo es favorable por cuanto, habiendo renunciado a obtener la unión mediante la violencia, el compañero deseado llega por su propia voluntad «igual que un caballo perdido». El segundo también lo es, puesto que encuentra al superior que necesita. El tercero, que ha empezado mal, encuentra en el punto máximo de la separación una ocasión de unión. El cuarto, aislado como un desterrado, conoce a un gran personaje que se encuentra en un aislamiento semejante al suyo y con el que, gracias a la sinceridad de su unión, podrá evitar la desgracia. El quinto anuncia el éxito a quien, ayudado por un compañero cuya ayuda es semejante a «una mordedura en la piel», encuentra la fuerza de actuar en la unión. (El texto citado por Wilhelm es muy diferente del texto del P. De Harlez, y dice: «El remordimiento desaparece. El compañero le muerde a través de la camisa. Si va hacia él, ¿cómo podría eso ser un error?»). El sexto trazo expresa un aislamiento que provoca la incomprensión de los demás y juicios injustos. Llegado así al colmo de la soledad, el sentido del hexagrama se invierte, pues la enemistad se debe a un error: Yuan Kuang escribe que «el estado de hostilidad cesa» y que «hay sentido, entonces, de matrimonio».

KUA 39

Kién: Dificultad, peligro, noble audacia.

TEXTO I

Energía en las dificultades. Puede tener éxito por un lado y por otro, no. Gracias a su éxito se muestra el gran hombre. Su perfección es afortunada y puede salvar de los peligros.

SIMBOLISMO

El agua sobre una montaña. Por la virtud de la energía, el hombre sabio se corrige y perfecciona su virtud.

COMENTARIO I

Kién es dificultad, peligro que se presenta de cara. Si, viendo el peligro, uno sabe permanecer firme, ¡qué gran sabiduría demuestra! El éxito o el fracaso dependen de que uno se mantenga en la vía recta o de que la sabiduría esté agotada. En esto se reconoce al hombre verdaderamente grande y lleno de méritos. Hay que permanecer firme en la justicia y la bondad para establecer sólidamente un Estado. ¡Oh, qué importante es el momento de las dificultades!

TEXTO II

1. Si uno se dirige (valerosamente) hacia las cosas difíciles, volverá colmado de alabanzas. [Conviene ser firme. *Com. II.*]

2. Si el príncipe y sus ministros sufren dificultad tras dificultad, no es (necesariamente) porque busquen su propio provecho (o: esto no depende necesariamente de ellos).

3. Uno va hacia las dificultades y vuelve después al reposo. O: quien va hacia las dificultades (con valor) vuelve a los beneficios (los obtiene). Refrán.

4. Otro va hacia las dificultades y vuelve unido con los que las ha compartido. [Uno tiene que ser fiel en sus funciones. *Com. II.*] Es en las dificultades donde se muestran los amigos.

5. Otro va igualmente y vuelve más instruido e inteligente. [Tiene la justa medida. *Com. II.*]

6. Otro va también y vuelve lleno de mérito y de éxito. Obtiene las cualidades del gran hombre.

OBSERVACIONES

Wilhelm interpreta *Kién* como obstáculo u obstrucción (pág. 150). Yuan Kuang le confiere el sentido de dificultad, peligro, impedimento (pág. 203).

La sentencia adivinatoria asegura que el sudoeste es propicio, mientras que el nordeste no lo es. Y añade que es propicio ver al gran hombre y es saludable perseverar.

En el simbolismo chino, el sudoeste corresponde a la retirada y el nordeste, a la iniciativa y a la acción. El conjunto del kua se refiere a una situación que no permite vencer directamente las dificultades. Hay que rodearlas, de modo que una retirada provisional se revela indispensable, retirada que hará posible una ofensiva ulterior. De ahí la idea de renunciar al nordeste para dirigirse al sudoeste, donde «el sabio puede corregirse y perfeccionar su virtud».

Los trigramas constitutivos son

$$\frac{\text{el abismo, el agua}}{\text{la detención, el monte}},$$

lo que sugiere la detención delante del abismo, la montaña ante el agua, el impedimento ante el peligro. Se trata, pues, de saber detenerse y estudiar las circunstancias favorables.

El primer trazo se refiere, según Wilhelm y el P. De Harlez, a textos de significado diferente: el P. De Harlez dice que «si uno va con valor hacia las cosas difíciles, volverá colmado de alabanzas». Wilhelm escribe: «Ir (hacia delante) conduce al obstáculo, volver provoca alabanzas»; y tanto él como Yuan Kuang interpretan que este trazo tiene el sentido de «no actuar y esperar el momento favorable».

El segundo trazo muestra al príncipe y a sus servidores en dificultades de las que no son responsables y cuyo desenlace es incierto.

El tercero encuentra la paz después de haber renunciado a vencer el obstáculo que al principio había intentado salvar.

El cuarto se refiere a alguien que se hunde cada vez más en los peligros pero que, gracias a la sinceridad de su acuerdo con aquellos a los que lleva consigo, encuentra en estos peligros una posibilidad de unión.

El quinto es favorable por la amistad que despierta en las dificultades (el texto de Wilhelm dice: «En mitad de los mayores obstáculos, los amigos acuden») y la ayuda mutua que provoca.

El sexto está en el colmo del peligro pero encuentra la grandeza. Las interpretaciones de este trazo difieren entre Yuan Kuang y Wilhelm: según el primero, no podría desafiar al peligro y debería volver atrás recurriendo a la ayuda de un personaje poderoso; para el segundo, se trata de un hombre que ha abandonado el mundo y sus preocupaciones pero que, en un tiempo de dificultades, renuncia a su soledad y vuelve hacia los peligros para ayudar a los demás a aprovechar su experiencia y acabar la obra común de la salvación.

KUA 40

Kieh: 1. Liberar, hacer escapar, escapar del peligro. 2. Dispersar. 3. Abrir, separar, abrirse. Se dice del movimiento de la germinación. 4. Resolver una dificultad, una complicación.

TEXTO Y COMENTARIO I

Si uno consigue escapar de los peligros, se ganará a la gente y tendrá relaciones felices; mantendrá el medio. En todo lo que uno hace, la actividad es cosa útil y hace adquirir méritos. *Kieh* es: encontrándose en peligro, saber actuar y escapar. Cuando el cielo y la tierra abren los poros (tercer sentido) de los seres, se producen el trueno y la lluvia. Entonces las plantas y los árboles frutales brotan. El tiempo en que todo se abre es de suma importancia.

SIMBOLISMO

El trueno y la lluvia forman el kua *Kieh*. El sabio es indulgente con el error y trata a los culpables con dulzura.

TEXTO II

1. Liberar a alguien es cosa excelente. [Cuando el fuerte y el débil se entienden según la justicia, no hay que temer ninguna falta. *Com. II.*]

2. Liberar es tan afortunado como, para el cazador, atrapar tres zorros y obtener el premio, la flecha de oro.

El que resuelve una dificultad, el que hace salir de una posición difícil, es como el cazador que atrapa tres zorros y obtiene la flecha de oro.

3. Si un porteador se mete en un carro y aparecen ladrones, será atacado y escapará con dificultad. Si abandona su carga, podrá escaparse. *(Com.)* [Para un porteador, ir en carro es vergonzoso; es atraer hacia sí a los ladrones. *Com. II.*] A la gente común no le corresponde ir en carro.

4. Escapad primero, y después los amigos vendrán a manifestaros su fidelidad (si no, os abandonan).

Nota. Los comentadores explican que la palabra que significa habitualmente 'dedo gordo del pie' tiene aquí el sentido de *tchû*, 'comienzo', en primer lugar.

5. Es cosa del sabio apartarse (de los males) y resolver (las dificultades). Si lo consigue, se ganará la confianza del vulgo.

6. Si el príncipe es lo bastante hábil como para alcanzar con una flecha a un halcón posado en lo alto de un muro elevado, obtendrá el éxito y sabrá dispersar a los rebeldes (tercer sentido. *Com. II*).

OBSERVACIONES

Kieh significa para Wilhelm liberación (pág. 153). Yuan Kuang añade a ello la idea de dispersión (pág. 206), lo que corresponde al tercer sentido de la palabra *Kieh* señalado por el P. De Harlez.

La sentencia adivinatoria declara que «el sudoeste es propicio». Y añade: «Si ya no hay ningún lugar al que se deba ir, el regreso aporta la salvación. Si todavía hay algún lugar al que convenga ir, entonces la rapidez es saludable». Todo este kua se refiere a una situación en la que los trastornos y las dificultades tienen tendencia a disiparse. La alusión al sudoeste, que ya hemos visto que en China es la región de la retirada, es interpretada aquí por los comentadores como un retorno a las condiciones habituales de la existencia.

Los trigramas constitutivos son

$$\frac{\text{el rayo, el trueno}}{\text{el agua, el abismo}},$$

lo cual sugiere una tormenta que purifica el aire y disminuye las tensiones, la desaparición de los peligros, la indulgencia, el perdón, la amnistía.

El primer trazo describe el comienzo del tiempo de la liberación. El segundo, cuyas imágenes están tomadas de la caza, alude a una situación cuyo peligro reside en la astucia de los adversarios, astucia simbolizada por los zorros, a los que sin embargo es posible capturar. El tercero se refiere a un hombre inferior que, en lugar de llevar los bultos a la espalda tal como debería, se pasea en carro, provoca a los ladrones y pasa vergüenza: es la imagen de un hombre en una situación que no le corresponde y al que sus enemigos destruyen. El cuarto podría expresarse con el proverbio «Ayúdate, y el cielo te ayudará»: invita a actuar en primer lugar sobre uno mismo antes de hacer posible la ayuda deseada de otros. El quinto es favorable por cuanto posee la capacidad de liberación. El sexto lo es también en la medida en que traspasa con una flecha al halcón posado en la muralla: este simboliza el peligro o el mal expulsados del interior pero que ahora se encuentran en el exterior, en el muro del recinto; este peligro debe ser eliminado mediante la violencia.

KUA 41

Sùn: Disminuir, rebajar, reprimir.

TEXTO I

Si uno se rebaja, se reprime sinceramente, obtendrá la felicidad, tendrá éxito en todo. Se reprimirán el orgullo y el amor al lujo, por ejemplo, presentando ofrendas sencillas (dos canastas de grano). Esto será provechoso.

COMENTARIO I

Para esta ofrenda sencilla, hay un tiempo conveniente; un tiempo para hacer aumentar al débil y disminuir al fuerte. Disminuir lo lleno y llenar lo vacío deben hacerse conforme a las circunstancias.

TEXTO II

1. Dejar los propios asuntos e ir prontamente (al deber) es una conducta que no producirá pesar; pero hay que considerar bien cómo debe uno rebajarse, reprimirse *(sùn)*. [Hay que estimar sobre todo la unión de las voluntades. *Com. II.*]

2. La utilidad general, la prosperidad, requiere que se castigue el mal sin hacerlo disminuir ni aumentar (en apreciación) y observando la estricta verdad y la justicia. *Com. II.*

3. Si tres hombres andan juntos, que uno de ellos deje a sus compañeros y el hombre que viene solo detrás de ellos encontrará uno. (Así habrá dos parejas de amigos.) [Cuando tres hombres están juntos, hay discrepancias, sospechas. *Com. II.*]

Nota. Lit.: disminuir en un hombre, *sùn yih sin*, para evitar las querellas.

4. Hacer disminuir el mal en alguien es precipitar el momento en que estará alegre y contento.

5. Hacer aumentar los bienes de alguien con ricos regalos que no puede rechazar, será un beneficio capital, una bendición de lo alto. *Com. II.*

Nota. Lit.: tortugas de veinte caparazones, muy raras y preciosas. Se trata de dones del rey.

6. Aumentar así sin disminuir es cosa excelente de todas maneras. El rey (haciendo esto) ganará súbditos (que serán como sin familia) enteramente adictos al soberano. [Así llegará al colmo de sus deseos. *Com. II.*]

SIMBOLISMO

Montaña sobre agua estancada. El sabio reprime así su cólera y detiene sus deseos (como la montaña hace presión sobre el agua).

OBSERVACIONES

Sùn significa, tanto para Wilhelm (pág. 156) como para Yuan Kuang (pág. 209), decrecimiento, disminución.

Los trigramas constitutivos son

la montaña
———————————,
el lago

lo que sugiere los vapores del agua elevándose hacia las alturas y haciendo crecer en ellas la vegetación. La idea es la de una disminución abajo y un aumento arriba. Se trata, pues, de una disminución de las actividades instintivas, materiales, llamadas inferiores, en provecho de las actividades intelectuales, espirituales, llamadas superiores. En el ámbito público es un fortalecimiento del gobierno. No obstante, esta disminución de lo bajo se realiza con el acuerdo general, por cuanto suprime lo que es superfluo y tiende a un mejor equilibrio. Es en este sentido que el presagio es favorable. Si la disminución es excesiva o inoportuna, se vuelve peligrosa, tal como lo sería para un edificio la reducción de sus cimientos.

El primer trazo insiste en esta necesidad de la ponderación y de la unión de las voluntades si se quiere proceder a una disminución oportuna. El segundo debe ser prudente y conservar una justa valoración de sus relaciones con los demás: los comentarios le aconsejan no cambiar nada todavía en lo que hace. El tercero se refiere a la necesidad de la unidad en la acción: como en el universo todo existe en parejas, el tres se presenta como un símbolo de desorden que hay que reducir y convertir en dos. El cuarto es favorable, pues posee en sí la fuerza necesaria para la disminución del mal. El quinto lo es más aún, por cuanto goza de la ayuda de todos, así como de la asistencia del cielo. El sexto se refiere a personas cuyo incremento de poder aprovecha a todo el mundo y no significa disminución para los demás: este trazo tiene, pues, tendencia a invertir el sentido del hexagrama, y la disminución, a convertirse en crecimiento. El texto de Wilhelm es más claro que el del P. De Harlez: «Si uno aumenta sin privar a los demás, dice, no es censurable».

KUA 42

Yî: Aumentar, agrandar, enriquecer, elevarse, crecer.

TEXTO I

Yî es éxito en lo que uno hace, triunfo sobre las dificultades.

COMENTARIO I

Hacer disminuir al grande y hacer aumentar al pequeño produce la alegría del pueblo. Hacer descender los bienes sobre los pequeños supone una conducta brillante. Todo prosperará si los principios esenciales son observados. Cuando coincide que se dan el impulso de arriba y la docilidad de abajo hay progreso constante, sin límite. El cielo da, la tierra produce. Su producción aumenta sin cesar. Todo incremento se efectúa a su debido tiempo.

TEXTO II

1. Es provechoso (para uno mismo) hacer cosas grandes y útiles. Es una promesa de prosperidad sin pesar.

2. Aumentar los propios bienes con regalos preciosos que no se deben rechazar es asegurar una prosperidad constante. Si el rey hace ofrendas a Shang Ti (Dios), será una causa de felicidad.

3. Si uno incrementa sus bienes mediante sus esfuerzos, con

grandes trabajos, los conservará firmemente. Si uno es recto, justo y mantiene el justo medio, obtendrá una alta función.

4. Si el ministro actúa con rectitud, las opiniones que exprese al rey serán seguidas provechosamente, incluso en los casos más graves, tales como el del traslado de la capital. [Sus opiniones tienen por objeto el incremento de la prosperidad. *Com. II.*]

5. El que tiene el corazón recto y busca el bien de los demás tendrá sin duda un gran éxito. La gente estará llena de afecto por su bondad. [Llegará a sus fines. *Com. II.*]

6. Si hay personas a las que nadie favorece *(Yi)*, sino que las contrarían, las atacan y critican constantemente, es que su corazón no es recto y fiel. Es un gran mal.

Viento y trueno representan el crecimiento. Así, el sabio, si ve el bien, lo hace crecer. Si ve el mal, lo corrige.

Wilhelm interpreta *Yî* como incremento (pág. 159) y Yuan Kuang ve también el sentido de crecimiento, de aumento (pág. 212). Pero este sentido es realmente el del aumento de lo que está abajo, es decir, de todo lo que aprovecha al pueblo, a la vida material e instintiva.

La sentencia adivinatoria precisa que es propicio emprender y cruzar las grandes aguas.

Los trigramas constitutivos son

$$\frac{\text{el viento}}{\text{el rayo}},$$

lo que se suele interpretar como la idea de un reforzamiento mutuo, de un incremento recíproco. Este incremento se efectúa en provecho de los inferiores; se realiza gracias a un sacrificio voluntario de los superiores, de modo que se accede a una situación en la que uno está en condiciones de ayudar al mundo.

El primer trazo, que acaba de obtener un incremento de fuerza, debe utilizarla en obras desprovistas de egoísmo y asumir sus responsabilidades realizando grandes gestas. El segundo es afortunado por cuanto recibe la ayuda de los superiores y el concurso de mucha gente. El tercero se acrecienta, dice el texto de Wilhelm, gracias a «acontecimientos peligrosos», y Yuan Kuang llega a afirmar que utiliza lo bueno y lo malo, las calamidades y las revoluciones, para el incremento de aquello en lo que se ocupa, pero esto no le produce inconvenientes pues mantiene el justo medio e influye en todo el mundo con su buena fe. El cuarto es escuchado por el príncipe, y la alusión al traslado de la capital es interpretado por Yuan Kuang como que hay provecho en cambiar de región si se consulta el oráculo en este sentido. El quinto debe reconocer la bondad como cualidad de su naturaleza y tiene éxito en todo lo que emprende. El sexto, por el contrario, fracasa, pues su corazón es inestable, y si los demás le abandonan es a causa de su desmesura y su egoísmo.

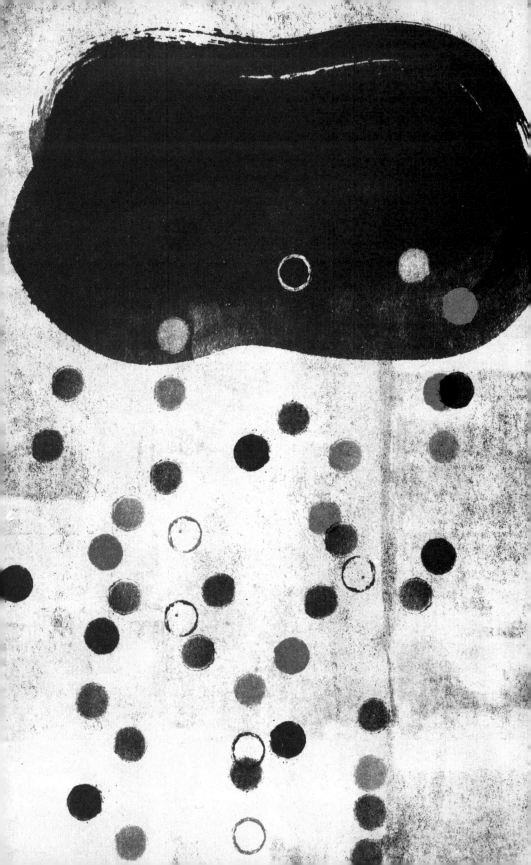

KUA 43

Kwài: 1. Río dividido en brazos; dividir, cortar, dispersar.
2. Decidir, ordenar definitivamente, resuelto, tajante.
3. Habilidad, arte, prudencia.

TEXTO I

Al acudir al tribunal del príncipe, hay que apelar con sinceridad.
En caso de discrepancia, uno debe advertir a sus conciudadanos de
que el recurso a los medios violentos, a las armas, no produce ningún beneficio, sino que hay que decidir a través del poder judicial.

COMENTARIO I

Kwài es decidir, regular. El fuerte lo hace por el débil. Para esto
hace falta firmeza y dulzura, resolución y concordia. «Apelación
sincera» en una dificultad grave. El recurso a las armas hace perecer aquello que más se desea tener. El fuerte se lleva lo bueno, y eso
es todo.

TEXTO II

1. El que anda haciendo alarde de su fuerza fracasará en sus
empresas. Tendrá que arrepentirse de ello. [Vencido, se marchará
lleno de pesar. *Com. II.*]

2. El que es prudente y pide ayuda a tiempo, en un ataque, no
tendrá nada que temer. Ha tomado el buen medio. *Com. II.*

3. El que pone su fuerza en sus mandíbulas sufrirá desgracias. [En su jactancia. La fuerza, la violencia, se muestra en su rostro. *Com. II.*] El sabio es decidido, ordenado; en todas partes va solo. Si la malevolencia le procura sinsabores, ello no producirá ningún resultado enojoso. [El sabio es decidido, bien ordenado; por tanto, no se crea pesares. *Com. II.*]

4. Si uno va como careciendo de apoyo [lit.: «culo sin piel», expresión proverbial. *Cf.* la expresión «ir como una canasta sin fondo» para decir: ir atolondradamente], avanzando paso a paso como si condujese un rebaño de ovejas, por el hecho mismo de esta lentitud prudente no tendrá motivo de pesar. Uno no se fiará de todo lo que oiga decir.

5. Firme y resuelto, como un monte cubierto de artemisas, siguiendo el camino del medio, no tendrá ningún pesar.

6. Si uno no tiene a nadie a quien pueda pedir auxilio (aunque sea firme y hábil), al final, sufrirá reveses.

SIMBOLISMO

La línea débil (cortada) encima de cinco fuertes representa la apelación (del pequeño) al tribunal del príncipe.

El cielo sobre el agua estancada representa la decisión firme. Si el sabio, al dar emolumentos a sus inferiores, quiere permanecer fiel a la virtud, deberá ser muy prudente.

OBSERVACIONES

Wilhelm interpreta *Kwài* como ruptura, brecha, decisión, resolución (pág. 162), y Yuan Kuang ve el sentido de determinación, decisión brusca, reglamentación, detención (pág. 213).

El hexagrama, compuesto por cinco trazos positivos que suben al asalto del último trazo negativo, simboliza la ascensión de los hombres superiores que van a expulsar al único hombre inferior que todavía está bien colocado. Siendo los trigramas constitutivos el conjunto del kua sugiere la idea de una fuerza que rompe sus diques y amenaza con llevárselo todo. Hay, pues, peligro de violencia y, a este respecto, el texto desaconseja el uso de las armas e invita a no exterminar al hombre inferior, sino a corregirle colmándolo de favores.

El primer trazo tiende precisamente a cometer este error y actuar con un exceso de positividad. El segundo está inquieto, pero no tiene nada que temer, ya que sigue preocupándose y previendo en una posición excelente. El tercero toma la decisión: su situación es ambigua, pues si emplea la violencia, habrá desgracias y solo conseguirá comprometer lo que posee; si no la utiliza y permanece solo en medio de la multitud, esta murmurará contra él y le considerará solidario con aquel a quien querría expulsar. Estos inconvenientes no tienen consecuencias graves por cuanto, fiel a sí mismo, no comete errores. El cuarto trazo es indeciso y presa de una agitación incesante; mientras que el P. De Harlez traduce: «Uno no debe fiarse de todo lo que oye decir», lo que parece una invitación a no escuchar a los demás y a reafirmarse en el propio juicio, Wilhelm da el texto siguiente: «Si estas palabras se oyen, no serán creídas», lo que interpreta como buenos consejos que uno es incapaz de seguir. Por su parte, Yuan Kuang asegura que «no creerá en los consejos que le den» y que debería abstenerse de avanzar subiendo y de colocarse delante de una multitud que no le seguiría: debería más bien seguir él mismo a la multitud y hacerla avanzar empujándola. Los textos relativos al quinto trazo difieren también sensiblemente, sobre todo por su interpretación. «Frente a las hierbas (las malas hierbas) una firme resolución es necesaria», traduce Wilhelm, quien añade: «Paseándose en el centro, permanece libre de toda censura.» Yuan Kuang y él interpretan estas imágenes como el símbolo de un inferior en alta posición (las malas hierbas en la montaña), inferior con el que este trazo tendría tendencia a pactar en vez de combatirlo: adoptando una vía del medio, quedaría sin embargo sin censura. El sexto trazo representa el decrecimiento total de la negatividad, que se encuentra sin socorro: «La advertencia es doble —escribe Yuan Kuang—, o es el hombre inferior quien ha hecho la pregunta, y para él la respuesta es ineluctablemente desfavorable; o es el hombre dotado el que la ha hecho, y para él es el triunfo final».

KUA 44

Keú: Casar, emparejar; unir, ligar; encontrar de manera inopinada.

TEXTO I

Si una mujer es fuerte y atrevida, no es bueno casarse con ella.

COMENTARIO I

No se podrá permanecer mucho tiempo con ella. El cielo y la tierra se unen y todas las cosas reciben de ellos sus formas. Cuando el fuerte alcanza el medio y la justicia, el mundo prospera. Grande es la importancia de la unión sexual, de los seres y de sus principios.

TEXTO II

1. Estar atada (segundo sentido) a una rueca de oro puede ser ventajoso, pero en cuanto se hace un movimiento se ve el mal (de la atadura). Así, un animal prendido en sus ataduras se verá muy estorbado en su marcha. (Imagen de la condición de la mujer; una atadura de oro sigue siendo una atadura.)

2. Unas alforjas que contienen pescado son cosa buena, pero no alimentan a los huéspedes (si no se prepara ese pescado para ellos). *Com. II.* No van a los huéspedes. (Esto se refiere al papel de la mujer casada, ama de casa.)

3. Si uno va paso a paso como sin piel en el ano (con prudencia y calma), las dificultades con que tope no causarán gran perjuicio. (Explicación del significado: encontrar. Esto es, por lo demás, una interpolación.)

4. Unas alforjas sin pescado son una cosa funesta. [Alejan a la gente. *Com. II.*] Misma idea que en el párrafo 2; reproducida para completar el número.

5. Si uno tiene sus buenas cualidades protegidas y mantenidas como calabazas bajo un níspero, aquellas recibirán las bendiciones del cielo. [Si uno mantiene el medio y no descuida las leyes del cielo. *Com. II.*] *Nota.* Lit.: el níspero cubre la calabaza; proteger las virtudes, los talentos, es un acto que recibe las bendiciones del cielo.

6. Tener la trenza atada es cosa molesta. (Se trata de la muchacha. Mientras tiene la trenza atada es que no está casada, y eso apenas le satisface.) *Com. II.* Tener una grandeza que se pierde, se destruye.

SIMBOLISMO

Keú es encontrar, unirse; el débil que se une al fuerte.

El cielo encima del viento forma el kua *Keú*. El príncipe *(K'eu)*, al promulgar sus ordenanzas, instruye y dirige al mundo entero.

OBSERVACIONES

Tanto Wilhelm (pág. 166) como Yuan Kuang (pág. 210) interpretan *Keú* como encuentro y, más en particular, como un encuentro inopinado, repentino. El hexagrama, compuesto por un solo trazo negativo, femenino y ascendente, se refiere a una situación en la que el principio oscuro expulsado por arriba (lo que sucedía en el kua 43) renace por abajo y se infiltra en la positividad. Hay, pues, un sentido de unión sexual y de matrimonio, o de unión entre inferior y superior, pero con tendencia al dominio de lo femenino y de lo inferior. La muchacha es fuerte y el muchacho es débil. Compuesto por otra parte por los trigramas

$$\frac{\text{el cielo}}{\text{el viento}},$$

este kua sugiere que a tal inversión está ligado un gran trastorno: es el viento, que trastorna todo lo que se encuentra bajo el cielo. Yuan Kuang estima que la aptitud de este hexagrama se caracteriza por el encuentro de un jefe justo y recto con un servidor justo y enérgico, cuya colaboración permite una gran acción sobre el universo.

El texto del primer trazo difiere en Wilhelm, quien lo traduce de este modo: «Es necesario reprimir con un freno de bronce. La perseverancia es saludable. Dejar correr acarrea el fracaso. Incluso un cerdo flaco puede propagar la rabia». Su interpretación, al igual que la de Yuan Kuang, es que se refiere a la necesidad de detener la negatividad con «un freno de bronce» cuando acaba de nacer y todavía es débil; si no se la frena a tiempo, sumergirá la positividad. El segundo trazo se referiría a una negatividad todavía controlada pero que no podría ponerse en contacto con el exterior (los huéspedes) sin perder su virtud. El tercero, que se encuentra en una situación peligrosa, es atraído por la negatividad en la que podría perderse, pero las circunstancias exteriores le impiden seguir su deseo, de modo que permanece exento de errores graves. El cuarto se refiere a un encuentro fallido (no hay pescado en las alforjas) y posee un sentido funesto de separación entre príncipe y súbdito, patrón y empleado, marido y mujer, amigos y camaradas, superior e inferior. El quinto trazo acaba por desembocar en el encuentro que desea, pues sabe rebajarse igual que el melón (la calabaza) bajo el níspero y recibir el auxilio del cielo en la situación negativa en que se encuentra. En cuanto al sexto trazo, el texto de Wilhelm dice: «Va al encuentro con sus cuernos. Humillación. No hay censura». Interpreta que se refiere a alguien distante y altivo al que la gente evita encontrar. Aunque muy diferente del texto del P. De Harlez, el sentido profundo es el mismo: se trata de una mujer o de un hombre a los que su propia naturaleza aleja del encuentro y de la unión.

KUA 45

Ts'ui: Reunión, agregación; agregación de gente que prospera; estado floreciente; mata de plantas, de tallos entremezclados.

Texto I

El rey que sirve fielmente al templo de los antepasados prosperará y se mostrará grande; consolidará su poder. Si ofrece víctimas de primer orden, será feliz y tendrá éxito en todo.

Comentario I

Ts'ui es agregación en armonía, docilidad alegre y fuerza justa que se corresponden una a la otra. De ahí, agregación que vive en concordia. El rey, al servir en el templo de los antepasados y hacer en él ofrendas con una piedad filial perfecta, muestra su grandeza. La unión así formada será buena y justa. Al ofrecer las grandes víctimas, se conforma a las órdenes del cielo. En esta unión se pueden ver los sentimientos del cielo, de la tierra y de todos los seres.

Simbolismo

Agua estancada debajo de la tierra. Así, el sabio príncipe mantiene sus armas en orden para protegerse contra los ataques imprevistos.

TEXTO II

1. Si la sinceridad no dura hasta el fin, habrá ora unión, ora desorden y discordia. Si entonces hace un llamamiento a la unión, habrá quienes se rían de él. Pero no hay que asustarse; si se continúa, habrá motivos para felicitarse. [Hay que actuar así cuando los espíritus están en discordia. *Com. II.*]

2. Tener un guía al que se sigue es cosa excelente. Si uno le es fiel, obtendrá grandes beneficios de su conducta. [No se perderá el medio alcanzado. *Com. II.*]

3. El que suspira por la unión que no reina, si bien no gana nada con ello, tampoco sufrirá ningún perjuicio.

4. La unión es un gran bien, sin consecuencias molestas. (Simple horóscopo interpolado.)

5. El espíritu de unión en las personas con dignidades es cosa feliz. Si alguien no sabe ganarse toda la confianza, que eleve su virtud, la haga firme y constante, y lo conseguirá sin falta.

6. (Si falta la concordia), que uno suplique, haga regalos, ruegue y llore, y no lamentará sus esfuerzos, conseguirá su objetivo. [Es cuando la paz no reina. *Com. II.*]

OBSERVACIONES

Ts'ui es interpretado por Wilhelm como cosecha o reunión (pág. 169), y es el mismo sentido de reunión que Yuan Kuang ve en él (pág. 222).

Según Wilhelm, la sentencia adivinatoria anuncia el éxito y declara que es propicio ver al gran hombre y tomar una iniciativa. El sentido general es el de la unión de los hombres en un plano superior al de la familia. Se trata de una comunidad superior cuya realización implica una fuerza moral y religiosa, grandes sacrificios y la existencia de un jefe capaz y esclarecido.

Los trigramas constitutivos son

209

lo que evoca la imagen de la reunión de las aguas sobre el suelo. Se trata, pues, de la multitud que se aglomera, pero esta reunión, aunque rica en posibilidades, implica riesgos de disturbios y disputas. De ahí la necesidad del jefe.

El primer trazo es ambivalente: su éxito depende de su sinceridad. El segundo es afortunado en la medida en que sigue al jefe y resiste a las negatividades que le rodean. El tercero no encuentra nada que le sea propicio y solo puede salir de su aprieto aliándose con un hombre que se le parezca, blando y negativo. El cuarto trabaja con abnegación por la unión general, de modo que obtiene el éxito sin obtener ningún provecho personal. El quinto posee la situación adecuada y, si bien aún no encuentra a su alrededor una solidaridad sincera, la obtendrá gracias a una acción perseverante. El sexto ve que sus intenciones son mal apreciadas, de modo que llora y gime; pero es en esta ingratitud donde encuentra su vía y permanece sin falta.

KUA 46

Shâng: Subir, elevarse, prosperar, crecer.

Cuando los comienzos felices crecen, aparece el hombre verdaderamente grande.

COMENTARIO I

El pequeño en su tiempo puede elevarse. El fuerte condescendiente y dulce conserva el medio y actúa de la manera más conveniente (hacia el pequeño). De ahí nace una gran prosperidad. Así el hombre en verdad grande se manifiesta. Es alabado por todos, sus proyectos tienen éxito.

SIMBOLISMO

Un árbol que crece en medio de la tierra representa *Shâng*, subir. Así el hombre superior, al adherirse a la virtud, acumula pequeños méritos para hacerla grande y elevada.

TEXTO II

1. Elevarse por medios honrados está bien. [El hombre que se hace grande es aplaudido. *Com. II.*]

2. Cuando uno es recto y justo, puede (elevarse hasta) hacer el sacrificio de la primavera. [Será feliz. *Com. II.*]

Nota. Había que ser príncipe para hacerlo.

3. *Shâng*, subir. Ejemplo: subir a un lugar, a una ciudad.

4. El hecho de que el rey lleve sus ofrendas al monte Khi es una garantía de felicidad (un medio de crecer y de prosperar).

Nota. Monte situado al pie de la capital de los soberanos de Zhu.

5. «Subir una escalera felizmente» es tener éxito en un gran proyecto. Refrán.

6. Elevarse desde la oscuridad solo se puede hacer si uno es constantemente recto y justo. [Cuando uno está en la cumbre a menudo disminuye y pierde sus bienes. *Com. II.*]

OBSERVACIONES

Shâng es interpretado por Wilhelm como ascensión, como hacer avanzar (pág. 173). Yuan Kuang ve el sentido de nacimiento, elevación, subida (pág. 225).

La sentencia adivinatoria anuncia un éxito sublime y precisa que es necesario ver al gran hombre. Dirigirse hacia el sur, añade, procura la salvación.

Los trigramas constitutivos son

$$\frac{\text{la tierra}}{\text{el bosque}},$$

lo que se interpreta como el árbol que nace de la tierra y crece y aumenta de tamaño a través de ella. Y el sentido general es el de un momento en el que es oportuno elevarse, en el que los fracasos solo son temporales y en el que es importante ir al encuentro de las personas dirigentes a fin de exponerles los propios proyectos y asuntos. Por eso hay que dirigirse hacia el sur, lo que significa poner manos a la obra y actuar.

212

El primer trazo es favorable por cuanto encuentra por encima de sí la confianza de un superior. El segundo lo es también, aunque se trate de un hombre fuerte que se rebaja a servir al débil y ofrece, así, sacrificios. El tercero penetra, dice Wilhelm, en una ciudad desierta: su éxito se realiza con una facilidad desconcertante, pero este éxito rápido, para ser duradero, hay que explotarlo rápidamente. El cuarto se refiere a una época en que la dinastía de los Zhu se encontraba en el poder: el soberano presentaba al cielo sus grandes señores feudales, que, de este modo, alcanzaban la cima de sus ambiciones. El quinto es favorable en la medida en que progresa paso a paso y consigue no eludir ninguna de las etapas necesarias de su marcha hacia delante. Al no conocer más que el progreso y no querer retirarse nunca, el sexto se arriesga a perder todo lo que ha obtenido en el mismo instante en que alcanza su cumbre. Solo una atención perseverante puede evitarle la caída.

K'uán: Angustia, abatimiento, dureza, severidad, malos tratos.

Recto y firme, el gran hombre será feliz. Que no se fíe de todo lo que le dicen.

K'uán es el fuerte apresado, encarcelado, en apuros.

K'uán es el que está en apuros, en peligro. Si en estas circunstancias no pierde su grandeza de alma, es realmente un gran hombre. El hombre grande prospera si permanece firmemente virtuoso. Pero que no se fíe de las declaraciones. Estimarlas en gran medida es exponerse a su pérdida.

Marisma sin agua. Esto representa el infortunio.

El sabio expone incluso su vida para alcanzar su fin.

Ejemplos de desamparo:

1. Un hombre comprimido contra el pie de un árbol, lanzado

a una caverna oscura, sin poder ver durante mucho tiempo (lit.: tres años) a nadie a quien recurrir.

2. Este hombre está en un aprieto en cuanto al beber y al comer. Pero de pronto aparece la cobertura roja (del carro del rey) (o el auxilio), es liberado, podrá ofrecer dones y sacrificios, castigará a los malvados sin sufrir ningún daño.

[La firme rectitud es digna de elogio. *Com. II.*] La llegada del rey o de la gente le salva.

3. Oprimido contra una roca, agarrando (para sostenerse) arbustos llenos de grandes espinas, o regresando a su casa y no encontrando a su mujer (raptada por unos bandidos).

[Caso doloroso, mala fortuna. *Com. II.*]

4. (Otro caso.) Hombre que avanza con precaución, en un apuro en cuanto al dinero y a su carro (que ha perdido); está en gran peligro de que le prendan.

5. *(Íd.)* Hombre al que han cortado la nariz y los pies, maltratado por gente del pueblo (los camisas rojas).

[Si todavía sabe permanecer firme y digno, podrá ofrecer el sacrificio útilmente. El hombre con la nariz cortada representa al que fracasa en sus empresas. Si permanece firme en la justicia, volverá a encontrar la felicidad. *Com. II.*]

6. Un hombre en un aprieto, atrapado en arbustos espesos, en una altura expuesta a los peligros, y que se dice a sí mismo: si me muevo, lo pagaré caro.

[Cuando uno experimenta el arrepentimiento, puede corregir el mal y entonces será feliz. *Com. II.*]

Observaciones

Wilhelm interpreta *K'uán* como apuro, dificultad, aflicción, agotamiento (pág. 176). Y Yuan Kuang ve el sentido de miseria, abatimiento, tristeza, angustia (pág. 227).

La sentencia adivinatoria anuncia el éxito e invita a perseverar.

El recurso al gran hombre es lo que, según ella, procura la salvación.

Los trigramas constitutivos son

$$\frac{\text{la marisma}}{\text{el agua corriente}}.$$

El agua se encuentra bajo la marisma, lo que da lugar a dos interpretaciones: la primera, según la cual la marisma ahoga al agua corriente, y la segunda, según la cual esta agua huye y se escurre sobre la marisma, desecándola.

El sentido general es el de un tiempo de desgracia, durante el cual el hombre dotado está recubierto y velado por el hombre inferior. No obstante, si sabe mantenerse firme durante este periodo y comprender que es un destino que tiene que vivir, encontrará una vía de libertad.

El primer trazo alude a una situación que podría durar tres años y en la que no hay otra ayuda que permanecer firme y no dejarse abatir por la desgracia.

El segundo, al que no han turbado la pobreza y los peligros en los que ha estado sumido, ve de pronto que sus cualidades son reconocidas por un superior: si sabe no actuar por iniciativa propia y esperar su destino, encuentra la libertad.

El tercero utiliza en la desgracia una dureza inadecuada, de modo que lastima a todo el mundo y pierde todo reposo: el presagio es nefasto, y algunos comentarios hablan de la vergüenza que recibe, e incluso de muerte.

El cuarto se encuentra confundido a causa de sus propias vacilaciones y de sus precauciones excesivas: a pesar de una humillación pasajera, acaba por salir adelante.

El quinto se encuentra aislado y maltratado, pero su justicia y su firmeza despiertan la simpatía de un hombre sabio, de modo que hay presagio de felicidad lejana.

El sexto está en el colmo de la miseria y el peligro extremo en que se encuentra le hace sentir un remordimiento que le ayuda a salir de la miseria y a encontrar la felicidad.

KUA 48

Tsing: Pozo

Texto I

Se puede cambiar de lugar una ciudad, pero no un pozo. No se pierde, no se adquiere. (Es o no es.) Se va a él y se vuelve de él. Es de una gran utilidad. Que el agua se seque, la cuerda se rompa o falte, o el cubo se rompa son accidentes enojosos.

Comentario I

La madera en el agua y encima del agua representa el pozo. Un pozo bien utilizado no se agota. Cuando se produce uno de estos accidentes, es que no se ha hecho lo que se debía.

Simbolismo

El agua por encima de la madera representa el pozo. Así, el sabio anima al pueblo y lo excita al afecto mutuo.

Texto II

1. Un pozo fangoso no puede servir para la alimentación. Un viejo pozo (seco) ya no atrae a los pájaros. Ya no se reúnen en él, no viven en él. *Com. II.*

2. Un pozo, un vivero, que por un agujero deja escapar a los peces, o cuyo cubo está agujereado, roto o deja escapar el agua, ya no puede servir. *Com. II.*

3. «El pozo está lleno de barro y ya no puede dar agua para beber. Esto nos aflige, pues antes se podía sacar agua de él y beberla. Si el príncipe (que tolera esto) fuera inteligente, podríamos obtener de ello un gran beneficio.» Súplica dirigida al príncipe. *Com. II.*

Nota. Se trata de un pozo público de una época en que no había muchos y en la que, por consiguiente, el pozo público era de la máxima importancia para una ciudad.

4. Un pozo bien construido, dispuesto como cisterna, es una cosa de una elevada utilidad.

5. Cuando el pozo es muy claro, se bebe en su fuente fresca y pura.

6. Un pozo bien lleno de agua y no recubierto es el emblema de la sinceridad, de la rectitud, y un símbolo de felicidad.

OBSERVACIONES

Tanto Wilhelm (pág. 179) como Yuan Kuang (pág. 230) interpretan *Tsing* como el pozo. Yuan Kuang añade el sentido de cosa profunda.

Los trigramas constitutivos son

$$\frac{\text{el abismo, el agua}}{\text{el viento, la madera}}.$$

El agua que se encuentra encima y la madera debajo evocan la imagen del antiguo pozo de báscula chino. Sin embargo, la madera no evoca aquí las paredes del pozo, que en la antigua China estaban hechas de arcilla, sino las varas de madera gracias a las cuales se sacaba el agua de él. La imagen evoca también las plantas que absorben el agua por sus tallos y fibras.

El sentido general es el de una necesidad vital que no se puede modificar. Por esta razón, el texto opone la permanencia del pozo, alrededor del cual se organizaba toda la vida social, a los cambios de capital, que en la China antigua fueron frecuentes. Se trata, pues, del contraste entre las modificaciones siempre superficiales que la política puede aportar y las estructuras de la vida individual y social de las que es imposible abstraerse.

Los seis trazos describen el uso del pozo, según el estado en que se encuentre. Evocan así la manera en que el individuo consigue extraer sus riquezas interiores y comunicarlas al prójimo, la manera en que utiliza sus dones y aptitudes. El primer trazo ha perdido su utilidad para los demás y se ha extraviado en el fango de la vida. El segundo, cuya agua, sin embargo, es clara, la ve escurrirse por abajo cuando solo podría tener efecto subiendo hacia arriba. El tercero es inutilizable, pero puede ser reparado si el superior es inteligente: la acción de este último puede procurar la felicidad a todos. El cuarto es la imagen de un hombre que, sin poder hacer ningún servicio al prójimo, se hace capaz de ello al poner orden en su vida, al revestir su pozo de ladrillos y convertirlo en cisterna. El quinto es feliz y está en condiciones de producir todos sus efectos. Estos se ven realizados por el sexto, que es de la mayor utilidad para toda la región y proporciona un agua pura y abundante que los hombres no cesan de beber.

KUA 49

Koh: 1. Piel, cuero, curtir, desollar. 2. Cambiar, diferir.

Cuando (uno cambia y) se vuelve sinceramente recto, después estará constantemente sin pesar.

Comentario I

El agua y el fuego, que detienen mutuamente su acción, representan *Koh*. Lo mismo ocurre con dos hermanas que viven juntas y tienen voluntades diferentes, opuestas.

Al cabo de cierto tiempo, mostrarse sincero es cambiar, corregirse. Entonces, uno inspira confianza. Gracias al talento y la inteligencia se adquiere la satisfacción. Con grandes progresos en la virtud, se adquiere la rectitud. Cuando uno cambia de esta manera, todos los motivos de pesar desaparecen.

Con el cambio del cielo y la tierra, se efectúan las cuatro estaciones. Tang y Wuh Wang cambiaron el decreto celestial. Así, obedecieron al cielo y respondieron al deseo de los hombres. Grande, en efecto, y muy importante es el momento de los cambios.

Nota. Tang es el jefe de la dinastía Shang, que arrebató el trono al último de los Hia (primera dinastía), el cual se había convertido

223

en un tirano. Asimismo, Wuh Wang derrocó al último de los Shang y le arrebató el decreto celestial que le había hecho rey.

SIMBOLISMO

El agua bajo el fuego representa el cambio. El hombre superior organiza sus cálculos (el calendario) de acuerdo con los cambios del cielo y anuncia los tiempos y las estaciones.

Incluso en los pantanos hay fuego.

TEXTO II

1. (Primer sentido.) Para atar se utiliza una correa de cuero amarillo. [Así atado, uno no se puede mover. *Com. II.*]

2. Si uno sabe, al cabo de cierto tiempo (terminado el día), cambiar y corregirse, todo irá bien. Uno se ahorrará todo pesar. [Uno tendrá éxito en sus acciones. *Com. II.*]

3. Si corrige el mal, es firme en las dificultades y cambia de comportamiento con madura deliberación, uno se volverá justo y firme.

4. Cuando uno se ha corregido, toda falta ha desaparecido y la rectitud se ha restablecido con firmeza (en el corazón), uno cambia su destino. Es la vía de la felicidad.

5. El gran hombre cambia a propósito como el tigre cambia las líneas de su piel. Sin consultar el destino, se tiene confianza en él (en sus cambios de orden). [La belleza de la piel del tigre, como la sabiduría del hombre superior, se hace cada vez más brillante. *Com. II.*]

6. El sabio cambia sus formas de actuar (cuando es necesario), como el leopardo. El hombre vulgar cambia su rostro [para complacer a los grandes; *Com. II*, al príncipe]. Corregir el mal, mantenerse firme en la rectitud, son cosas eminentemente útiles.

Nota. El párrafo 1 toma la palabra *koh* en el sentido de cuero. Los otros, en la acepción de cambio, cambio de conducta, corrección; cambio de órdenes, de disposiciones, en el sabio y el grande; cambio de las estaciones (el más importante de todos, dice un comentario).

Wilhelm interpreta *Koh* como revolución, subversión, muda (pág. 182). Yuan Kuang ve el sentido de modificación, cambio, mejora (pág. 232).

La sentencia adivinatoria anuncia un éxito sublime, la desaparición de los pesares, y aconseja perseverar.

Los trigramas constitutivos son

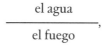

el agua
—————————— ,
el fuego

lo que evoca dos elementos incompatibles, que se combaten y aniquilan. De ahí la idea de cambio. Esta idea se combina con otra más antigua que veía en el kua la imagen de una piel de animal que se transforma en el transcurso de la muda anual. Hay quien interpreta este simbolismo como el de Shiva, señor del tiempo, de la muerte y de la vida. El hexagrama *Koh* se refiere a la destrucción de las cosas antiguas y a su sustitución por las nuevas. Es la revolución.

Los diversos trazos expresan las circunstancias favorables o desfavorables a la revolución. Hay que señalar que esta corresponde tanto a los cambios políticos y sociales, a los que el texto se refiere de manera expresa, como a esa especie de cambios radicales (conversión religiosa, cambio de costumbres o de orientación profesional) que cada uno puede proponerse en su vida.

Según Wilhelm, el primer trazo habla de estar «atado en la piel de una vaca amarilla», lo que tiene el mismo sentido que el texto del P. De Harlez: es una situación impropia para la acción y en la que toda tentativa revolucionaria fracasaría por prematura. El segundo trazo puede tener éxito en su revolución si consigue «terminar el día», es decir, agotar las reformas cuyo fracaso es lo único que puede hacer necesaria la revolución. El tercer trazo se refiere a los dos errores que conviene evitar: el de una decisión demasiado rápida y el de una vacilación angustiada; debe actuar, para no perder el momento favorable, pero con extrema circunspección. El cuarto puede cambiar su destino con éxito: su fuerza interior es la garantía más segura. El quinto provoca con su renovación personal una general: es el gran hombre que se transforma como el tigre. El sexto distingue entre el hombre noble que se transforma cual leopardo (como una pantera, dice Wilhelm) y el hombre común, incapaz de hacerlo: si este último quiere proseguir sus cambios, no lo conseguirá y solo puede evitar el peligro perseverando en el estado que es el suyo.

KUA 50

T'ing: Caldero de tres patas, vaso del sacrificio, sacrificio.

Texto I

El caldero es un símbolo de principio favorable; de un desarrollo próspero.

Comentario I

Los santos cocían sus ofrendas para honrar a Shang Ti y celebraban grandes banquetes para mantener a los hombres santos y sabios.

La docilidad y la agudeza de oído, la claridad de la vista en el débil que progresa y se eleva, que mantiene el medio, obedece al poderoso y está de acuerdo con él, todo esto da prosperidad y éxito.

Texto II

1. Cuando se da la vuelta al caldero, es fácil hacer caer de él lo que es malo [y unirse al bien. *Com. II*]. Una concubina que tiene un hijo no lamentará que la hayan hecho tal.

Nota. Tenemos aquí dos proverbios que significan que «el bien puede venir del mal». El hijo de la concubina puede llegar a ser heredero y, en todo caso, asegura una posición honorable a su madre.

2. Caldero lleno de frutos.

Mi caldero está lleno, pero mi comensal no puede venir a verme.

Símbolos de los esfuerzos perdidos o de un corazón virtuoso.

3. Si se quitan las asas del caldero, este no se puede utilizar. No se puede levantar ni llevar a otro sitio. *(Com.)*

La carne grasa del faisán (que se cocía en él) no se podrá comer. Pero se producirá una feliz circunstancia que disipará las preocupaciones. (Símbolo de desgracias reparadas.)

4. Si se rompe la pata del caldero, los alimentos preparados para el príncipe se derraman. Todo el exterior se ensucia a causa de ello. (Símbolo de la falta de fidelidad.)

5. Un caldero de asas y argollas de oro representa la prosperidad que viene de la fidelidad.

6. Un caldero de argollas de jade representa una gran prosperidad, para la que todo son ventajas. Llega cuando el fuerte y el débil observan la mesura.

Simbolismo

El fuego que entra en la madera representa «cocer». El sabio conserva su dignidad y mantiene su destino celestial.

Observaciones

T'ing significa, tanto para Wilhelm como para Yuan Kuang, caldero o marmita, imagen que sugiere la estructura misma del hexagrama. Los seis trazos, en efecto, evocan sucesivamente las patas de la marmita, el vientre, las asas y las argollas portadoras. No se trata, sin embargo, de un caldero o una marmita corrientes, sino de un vaso de bronce cuyo uso, en la China antigua, era ritual. En los templos se preparaban en esos calderos las viandas ofrecidas a los espíritus ancestrales y se utilizaban también para realizar evocaciones mágicas.

Los trigramas constitutivos son

$$\frac{\text{el fuego}}{\text{la madera}},$$

lo que confirma la idea de cocción. Hay, pues, transformación de elementos naturales en elementos adecuados para la alimentación y, al ser utilizado, además, este vaso de bronce en ceremonias solemnes en los templos, la alimentación de que se trata se considera espiritual o cultural, y destinada a las capas superiores de la sociedad.

La sentencia adivinatoria anuncia el éxito y una buena fortuna absoluta. En cierto modo, este kua es justo lo contrario del anterior. Mientras que este último expresaba la idea de una modificación brusca, e incluso violenta, es decir, de una revolución, *T'ing* alude a una transformación pacífica, cultural, y evoca una especie de sublimación. Por eso la idea de sacrificio y de ofrenda a la divinidad es inherente a este signo.

El primer trazo se refiere a una situación en que la marmita se ha volcado y en la que no se puede hacer otra cosa que vaciarla y sacar de ella la suciedad; se trata, pues, de una especie de purificación por el absurdo, de catarsis: la obra cultural sirve para desembarazarse de los problemas interiores que obstaculizan la verdadera creación. El segundo trazo alude a un hombre que, por sus esfuerzos creadores, suscita la envidia de los demás, de modo que todavía no puede compartir el fruto de sus esfuerzos: si permanece prudente y circunspecto, lo conseguirá. El tercero no puede hacer que nadie se beneficie de sus obras: aunque llena, la marmita tiene las asas mutiladas; este impedimento, sin embargo, es solo momentáneo. El cuarto trazo quiebra en una obra que excede a sus fuerzas; se rompen las patas de la marmita, la vianda se derrama por el suelo y él solo obtiene vergüenza e injurias. El quinto, cuya marmita posee argollas de oro, alcanza el éxito por la perseverancia. En cuanto al sexto, todo le es propicio: la cocción se termina, la viada es abundante y está preparada a la perfección, la marmita está en buen estado y de ella se puede sacar el alimento, la obra acabada sirve para la alimentación y la cultura de todos.

KUA 51

Kán: Trueno, espanto infundido, temor.

TEXTO I

El trueno que se acerca infunde espanto. Las risas y las conversaciones se detienen súbitamente. El trueno aterroriza, pero no debe detener la cuchara del sacrificio a los espíritus.

COMENTARIO I

Este espanto tiene resultados positivos. Las risas y las conversaciones mantienen así la mesura. El trueno aterroriza tanto a lo que está lejos como a lo que está cerca. De todas formas, hay que guardar el templo de los antepasados, los altares de los genios del suelo y presidir los sacrificios. (A pesar del espanto, no se pueden interrumpir.)

TEXTO II

1. Cuando se acerca el trueno, la gente tiene miedo. Cuando el trueno ha pasado, todos sonríen y hablan a la vez. (Se pasa del temor a la alegría.)

2. Cuando el trueno retumba, llega el peligro, la gente cree tener que abandonarlo todo y retirarse a un lugar seguro y elevado.

Que nadie se obstine en buscar entonces lo que ha abandonado: lo encontrará al cabo de un tiempo. (Cuando el peligro haya pasado.)

3. El trueno conmueve, agita y también impulsa a actuar de la manera correcta.

4. El trueno, al acercarse, impresiona y sobrecoge [antes incluso del relámpago. *Com. II*].

5. El trueno que va y viene infunde el espanto; pero no se deberían abandonar los asuntos que se tienen entre manos. Incluso con un peligro acuciante, hay que mantener el medio.

6. El trueno infunde el espanto y hace mirar a todas partes con inquietud y temor. Si el rayo alcanza a alguien, causará un gran daño. (O: él corrige el mal.) Pero si no alcanza a determinado personaje ni a sus vecinos, no será un mal y solo hará hablar a los habitantes de una misma casa.

Cuando el trueno retumba y estalla la tormenta, el sabio busca la causa de este hecho (y trata de aprovechar la advertencia celestial).

SIMBOLISMO

El trueno repetido forma el hexagrama. El sabio, lleno de temor y de escrúpulos prudentes, observa y corrige.

OBSERVACIONES

Wilhelm interpreta *Kán* como algo excitante (pág. 189), choque, trueno. Yuan Kuang ve el sentido de sucesión de movimientos espantosos, de estremecimiento (pág. 238).

Los trigramas constitutivos son

$$\frac{\text{el rayo}}{\text{el rayo}},$$

lo que evoca cierta libertad de acción, pero acompañada de temor y de espanto. Esta libertad de acción solo es posible en la medida en que conservemos la sangre fría mientras dure la conmoción y si el terror que inspira nos impulsa a reparar nuestros errores y nuestras debilidades.

El primer trazo (que Wilhelm asocia con las onomatopeyas originales —*oh, oh* y *ah, ah*—, que expresan sucesivamente el espanto y las risas mencionadas por él) es favorable en el sentido de que posee una norma que le hace conservar la sangre fría ante una conmoción que sabe que es pasajera. El segundo, que hace alusión a unas situaciones muy antiguas, huye del peligro y se retira a un lugar seguro: solo encontrará sus bienes si es capaz de esperar en paz el fin de la conmoción y de no exponerse a ella de manera inútil. El tercero está tan asustado que no consigue enfrentarse a la conmoción: incapacitado para el puesto que ocupaba, solo puede evitar las calamidades obedeciendo a su miedo y a la estimulación que este provoca. El cuarto es nefasto; el texto de Wilhelm dice que acaba en el fango y Yuan Kuang, que se ahoga por desidia. El quinto se encuentra en una posición en la que el hecho de ir y venir constituye el peligro: debe conservar, pues, su posición central y de este modo puede evitar la pérdida de sus bienes. El sexto está en la cúspide de la conmoción, hasta el punto de que su propio cuerpo está afectado y de que una agitación incesante hace que sea mal visto por sus vecinos: tiene que haber modificación, debido a que la conmoción ha llegado a su punto máximo. Por esta razón puede evitar lo peor, a pesar del peligro.

KUA 52

Kán: Firme, mantener recto, bien ordenado, detener, reposar.

Texto I

El hombre firme se opone de manera resuelta (al mal) sin pensar en sí mismo. Si debe cruzar un lugar, no mira quién se encuentra en él (sino que lo hace de manera resuelta) y no desfallece.

Comentario I

Kán significa detenerse, mantenerse firme, en buen orden, actuar o detenerse según la ocasión. Cuando el acto y su cesación tienen lugar en el momento conveniente, la conducta es bella e inteligente. «Permanecer en su lugar» quiere decir que los grandes y los pequeños están en relación, pero sin usurpación ni entrecruzamiento. El que es firme y está atento a su deber no se busca a sí mismo. Al caminar en su jardín, no ve siquiera quién se encuentra en él.

Simbolismo

Dos montañas superpuestas forman el kua. Así el hombre superior piensa en no rebasar los límites de sus funciones.

Texto II

1. (Uno debe) mantener firmes los pies, es decir, ser siempre de una rectitud firme. [No perder nunca la rectitud. *Com. II.*]

2. «Detener el movimiento de las piernas.» (O tenerlas rectas y bien apoyadas.) Si, al tener que detenerse, uno no puede ayudar al que camina delante de él, debe sentir disgusto por ello. [Hay que ayudar y acudir al llamamiento. *Com. II.*]

3. Mantenerse firme en su lugar y el cuerpo (lit.: las costillas) bien apoyado (así es como hay que estar).

4. Mantener el cuerpo recto y firme es una buena manera. [Hay que mantener el cuerpo entero bien recto. *Com. II.*] (Repetición del párrafo 3 para tener seis. Mantener el cuerpo erguido es un principio esencial de los ritos chinos.)

5. Mantener las mandíbulas de modo que las palabras salgan de la boca con orden y mesura. Esto exime del arrepentimiento. [Así se sabe conservar el medio. *Com. II.*]

6. Aplicarse mucho a mantenerse firme en el bien es una disposición muy afortunada. [Así, uno puede ser justo y recto hasta el final. *Com. II.*]

Nota. Todo esto ilustra el sentido de «mantener recto, bien ordenado» y se refiere a las reglas de la compostura exterior, que prescriben estar siempre erguido y no sentarse siquiera en un asiento que no sea recto.

Observaciones

Wilhelm interpreta *Kán* como detención, calma, tranquilidad, dignidad, firmeza, montaña (pág. 192). Yuan Kuang ve también los sentidos de detención y firmeza (pág. 241).

Los trigramas constitutivos son

la detención, el monte
———————————————
la detención, el monte

236

y esta repetición del trigrama de la detención, que es también el del hijo menor, suele sugerir la educación del corazón, las condiciones en las que puede alcanzarse la paz interior. Así pues, este hexagrama está relacionado con los ritos exteriores, tal como vio el P. De Harlez, pero de manera más profunda también con los ejercicios del yoga. El *I Ching*, a diferencia de algunas religiones, no ve la paz del corazón en una quietud en la que vendría a desvanecerse toda acción; la considera un estado polar cuyo complemento necesario y permanente es el movimiento. Aquí se trata, pues, del reposo que debe seguir a todo movimiento y prepararlo. El *I Ching* ve la sabiduría suprema en esta alternancia de acción y reposo.

El primer trazo, que mantiene firmes los pies, detiene desde el principio una acción errónea, para la que no posee la firmeza necesaria. Así pues, esta es lo que debe adquirir antes de actuar. El segundo alude al movimiento de las piernas, que, no seguido por el del cuerpo, debe detenerse: es la idea de un hombre que querría ayudar a los demás y cuya ayuda no es bien recibida, por lo que se entristece. Debe esperar la llamada que se le dirija. Para el tercer trazo, Wilhelm da el texto siguiente: «Mantener firmes las caderas. Poner rígida la columna vertebral. Peligro. El corazón se ahoga». Se trata, pues, de una tranquilidad forzada, de una quietud interior que quiere ser alcanzada por la violencia, por ejercicios de meditación o de concentración que no corresponden al movimiento natural del ser y cuya consecuencia es el ahogo del corazón. Para el cuarto trazo, Wilhelm habla de «mantener firme el tronco», lo que en China se consideraba el signo perfecto de la quietud: no obstante, este trazo todavía no ha alcanzado tal quietud y, aunque es capaz de mantener firme a su propio Yo, no se ha liberado de sus impulsos egoístas. El quinto debe controlar las mandíbulas y evitar toda palabra desconsiderada si quiere evitar el peligro. El sexto alcanza una quietud perfecta, que no resulta de la violencia ni de la pedantería, sino de una comprensión exacta de la naturaleza de las cosas y de su alternancia de reposo y movimiento.

KUA 53

Tsién: Avance, progreso, gradualmente, ir paso a paso; casarse, volver a casa de sus padres para visitarles (se dice de una mujer).

Casarse, para una mujer, es una cosa afortunada.

COMENTARIO I

Avanzar es también obtener una dignidad, adquirir méritos. Si se actúa con justicia y rectitud, se podrá gobernar perfectamente el Estado y hacer que en él reine la justicia.

La dignidad del grande exige que conserve el medio.

Si uno se mantiene firme en su virtud y se muestra dulce y dócil, no agotará sus fuerzas y su acción. (Medio de conservar su progreso, su grandeza.)

SIMBOLISMO

Madera sobre una montaña representa elevarse (avanzar), mantenerse erguido. El sabio se mantiene en santidad y mejora las costumbres del pueblo.

TEXTO II

1. Las ocas salvajes van paso a paso al acercarse a la orilla.

Un joven circunspecto no tendrá de qué arrepentirse, digan lo que digan.

2. Estas ocas van paso a paso hacia unas rocas donde encontrarán qué comer y beber. Alegres y contentas (de su prudencia perseverante), están allí muy a gusto [y no tienen una satisfacción vana. *Com. II*].

3. Estas ocas van paso a paso hacia un montículo en la tierra seca (no encuentran nada allí). Así, un esposo parte en una expedición de la que no regresará. [Abandona para siempre a su compañera. *Com. II.*] Así, una esposa ha concebido a un hijo al que no podrá criar (por falta de sostén de su esposo). Hay que detener a los salteadores, causa de sus desgracias. [Deben protegerse uno al otro. *Com. II.*]

4. Las ocas avanzan paso a paso hacia un árbol. La que llegue a las ramas grandes estará bien allí, podrá descansar.

5. Avanzan hacia una altura a la que llegarán con dificultad y tarde. [Así, una esposa está tres años sin tener hijos, pero al fin deja de haber impedimentos. Consigue el objeto de sus deseos. *Com. II.*] (Hay que ser paciente y no desesperar. La paciencia y un largo tiempo hacen más que la fuerza.)

6. Avanzan paso a paso hacia una altura; cuando lleguen a ella podrán dar a sus alas toda su belleza desplegándolas. [Ya nada inquieta cuando uno ha alcanzado su objetivo. *Com. II.*] (Paciencia y éxito.)

OBSERVACIONES

Wilhelm interpreta *Tsién* como desarrollo, progreso gradual o por etapas (pág. 196). Yuan Kuang ve el sentido de progresión hacia delante, con método, lentamente y con seguridad (pág. 244).

La secuencia adivinatoria anuncia buena fortuna e indica que es propicio perseverar.

Los trigramas constitutivos son

$$\frac{\text{los árboles (el viento, la madera)}}{\text{la montaña}},$$

lo que sugiere la imagen de los árboles en la montaña, de los árboles que progresan a lo largo de las laderas de la montaña y el sentido de un avance metódico y conforme a la naturaleza de la cosa en la que se quiere progresar. Este movimiento por etapas debe ser el de la muchacha que se casa y penetra en una nueva familia. Debe ser el de todo hombre que entra en un negocio, en una empresa o en un medio cualquiera.

El primer trazo es semejante a la oca salvaje que sale del agua para ir a la orilla: es el joven que hace su entrada en la vida y que, a pesar de las habladurías, triunfa gracias a su prudencia y su circunspección. El segundo trazo avanza en el reposo y la concordia: se asegura así una posición favorable y sólida con miras a progresos futuros. El tercer trazo es nefasto por cuanto pierde su camino y quiere ir más allá de sus posibilidades; de ahí, para el hombre, ruptura con la comunidad a la que pertenece y, para la mujer, riesgo de no concebir; el problema es proteger al inferior en él, a fin de evitar las acciones peligrosas. El cuarto alude a una situación provisional y peligrosa, pues no es natural que una oca salvaje viva en la rama de un árbol: el peligro solo puede evitarse mediante un gran esfuerzo de adaptación y mucha flexibilidad. El quinto alcanza las alturas, donde se aísla; el marido no hace caso a la mujer, el superior no hace caso al inferior: sus relaciones son estériles por el momento pero, a pesar de todo, acaban siendo fecundas. En cuanto al sexto, ha abandonado toda situación establecida y alcanza la felicidad por medio de las «danzas sagradas» que el texto de Wilhelm evoca: fuera de los asuntos del mundo, ya solo participa en ellos como espectador.

KUA 54

Kvêi Mei: Casar a una hermana joven, a una muchacha.

Texto I

Hay que corregir el mal o no se tendrá ningún provecho. (Frase mutilada. Véase II, §1.)

Comentario I

Casar a una hermana joven es un deber supremo prescrito por el cielo y la tierra (a sus hermanos). Cuando el cielo y la tierra no tienen relación, los seres no nacen. Casar a una joven es el principio y el fin del hombre. Es un acto que causa alegría.

Texto II

1. Casar a una hermana menor dándola como esposa secundaria (es ponerla en la situación de un cojo, que todavía anda, pero mal). Así, esta muchacha es esposa, pero es esposa en una condición inferior. Corregir este abuso será una cosa excelente. [Esto ocurre con mucha frecuencia. *Com.*]

2. Ella es como un tuerto que todavía ve, pero mal (que solo ve de un ojo). [Le será provechoso vivir retirada y firme en su virtud, no faltar a las normas del deber. *Com. II.*]

3. A la joven casada por deber de sumisión suele dársela como esposa secundaria. [Esta sumisión no es buena. *Com. II.*]

4. La joven que se ha de casar trata de retrasar el momento. [Modesta, no tiene prisa en seguir a un hombre. *Com. II.*] Pero, aunque retrase su matrimonio, el momento llegará a pesar de todo. [A pesar de todo, esto se hará. *Com. II.*]

5. Cuando el emperador Ti Yi casó a su hermana, las mangas (el vestido) de la novia estaban adornadas con menos riqueza que las de su hermana más joven.

Nota. Véase kua 11, texto II, §5. La novia había perdido su calidad de princesa real.

Era como la luna casi llena (en cuanto a su virtud) de modestia, de sumisión. Era de muy feliz augurio. Tal fue su noble conducta. [Así ella mantuvo su dignidad en la rectitud. *Com. II.*]

6. Si una mujer recibe una cesta vacía de frutos (enteramente vacía. *Com.*), o un hombre adquiere una oveja que ya no tiene sangre, de ello no sacan ningún provecho.

SIMBOLISMO

El trueno por encima de un pantano forma el kua. El hombre superior, para asegurarse un final feliz, piensa en la desgracia.

OBSERVACIONES

Wilhelm interpreta *Kvêi Mei* como muchacha casadera (pág. 199) y Yuan Kuang ve el sentido de volver, de unirse, del matrimonio (para una mujer) (pág. 247).

Los trigramas constitutivos son

$$\frac{\text{el hijo mayor, el rayo}}{\text{la muchacha, el agua estancada}},$$

lo que sugiere la unión sexual, el matrimonio. Yuan Kuang observa, sin embargo, que el sexto trazo, negativo, está encima del primero, positivo, de modo que la situación es anormal y el impulso es el del placer. De ahí viene que la sentencia adivinatoria declare que emprender trae desgracia y que nada puede ser propicio.

Las interpretaciones de este hexagrama son bastante contradictorias y reflejan la diversidad de los juicios de que fue objeto la figura de la concubina en China. Oficialmente, el matrimonio chino era monogámico y, por este motivo, basado en el deber y en ritos severos. El hombre, no obstante, tenía derecho a tomar una esposa secundaria, con la que la unión se basaba menos en las exigencias sociales del clan que en afinidades más personales. La entrada de una concubina en el hogar planteaba a las dos esposas unos problemas delicados a los que el kua alude. Sin embargo, mientras que el texto de Charles de Harlez se refiere al deber que tiene el hermano mayor de casar a su hermana menor, el de Wilhelm alude a una muchacha que se casa con arreglo a su propia elección, lo que, en los tiempos arcaicos, se juzgaba con severidad. Resulta que el hexagrama evoca, con independencia de toda consideración moral, los problemas y las dificultades del que penetra en un asunto o en una familia a la que la inclinación particular del cabeza de familia le ha llamado y cuya organización y jerarquía ya están establecidas. Además, y a causa de los trastornos que acarrea para el hogar la segunda esposa, el kua evoca la caducidad de las cosas e invita a meditar sobre el fin de las acciones que se esperaba que fueran las más felices.

El primer trazo, el de la concubina, se dice que es afortunado por cuanto, semejante a un cojo, consigue caminar: evoca también a un hombre incapaz que se contenta con servir a sus amos, a cambio de lo cual estos le ayudan. El segundo trazo es afortunado en la medida en que vive retirado y solitario: no puede alcanzar el objeto de sus deseos. El tercero no está en su lugar, y la joven casada es

243

tratada como una esclava. El cuarto es propicio, pues la muchacha retrasa por propia voluntad una unión inoportuna y acaba, aunque con retraso, por encontrar al hombre que le conviene. El quinto alude a una ley del emperador Tang Yi, que situó a las princesas imperiales en el mismo rango que las mujeres de condición inferior: contiene el sentido de una nobleza que se rebaja y de una sumisión que procura la felicidad. El sexto es nefasto, pues la mujer se revela incapaz de ayudar a su marido, y el empleado, a su amo: sugiere la posibilidad del divorcio o de la separación.

KUA 55

Fâng: 1. Abundancia, riqueza, gran número de amigos. 2. Tener en abundancia, multiplicar. 3. Grandeza, elevación.

TEXTO I

El príncipe que posee la grandeza, la abundancia, no debe tener deseos inquietos. Es como el sol a mediodía.

COMENTARIO I

Fâng es grandeza, prosperidad. La actividad inteligente es causa de la grandeza y la prosperidad. El príncipe que la ha obtenido es grande y brillante. Debe difundir su resplandor por el mundo, iluminarlo. La luna se vuelve llena, y después mengua. El cielo y la tierra están alternativamente llenos y vacíos, crecen y disminuyen con las estaciones. Con mayor razón ocurre esto con el hombre y con los espíritus.

TEXTO II

1. En el encuentro con los amigos, la igualdad de rango es una fuente de satisfacción. Ir en compañía es una cosa excelente. [Si uno quiere estar por encima de sus iguales, esto le acarreará desgracia.]

2. Multiplicando (*Fâng*, segundo sentido) los pabellones y las

colgaduras (alrededor de la tienda), se produce una oscuridad tal que se puede ver la constelación de Sagitario en pleno día. Si con ello uno se ha granjeado las sospechas y la malevolencia, que haga aparecer su rectitud mediante su sinceridad, y ello le hará encontrarse bien. Que uno enuncie sus pensamientos y sus objetivos de una manera que suscite la confianza.

3. Al multiplicar las colgaduras, uno puede (gracias a la oscuridad) ver la estrella Mei (en Sagitario) a pleno día, pero entonces se romperá el brazo derecho (ocurrirán desgracias).

4. Se puede ver así, a pleno día, la constelación de Sagitario. Será una circunstancia feliz si entonces encuentra un amigo.

5. Promover (los talentos, los méritos o las artes, las creaciones bellas y preciosas) es un motivo de gozo y de alabanza.

6. Elevar mucho su casa (*Com.*: elevarse orgullosamente hacia el cielo), rodearla de cobertizos protectores, y luego quedarse en la puerta, tranquilo, silencioso y solitario, permanecer así largo tiempo (tres años) sin recibir a nadie, sin hablar con nadie, no está bien. (Uno estará aislado, abandonado y sin auxilio en tiempo de peligro.)

Estos actos demuestran el orgullo del que quiere elevarse al cielo y la voluntad de aislarse de los demás, de faltar a las leyes de la bondad, de la concordia, etcétera.

COMENTARIO I

Fâng significa 'grandeza, prosperidad'. El movimiento, el acto, dirigidos por la inteligencia, lo constituyen. El príncipe que lo alcanza, que se vuelve grande e ilustre, debe ser sin deseos ansiosos; sabrá brillar sobre el mundo.

El sol, cuando ha alcanzado el medio del cielo, declina; la luna, una vez que se ha hecho llena, mengua (lit.: es comida). El cielo y la tierra están unas veces llenos, abundantes, y otras, vacíos, según las estaciones; disminuyen y dejan de actuar (después de haber crecido y actuado poderosamente en primavera y verano). Con mayor razón, así ocurre con el hombre y con los espíritus.

Simbolismo

Trueno y rayo forman el kua *Fâng*. El grande y sabio zanja las discusiones, decide en casos de litigio y hace ejecutar los castigos.

Observaciones

Wilhelm interpreta *Fâng* como abundancia, plenitud (pág. 203), y Yuan Kuang ve asimismo un sentido de grandeza, de perfección acabada, de abundancia, de riqueza (pág. 250).

Los trigramas constitutivos son

$$\frac{\text{el rayo}}{\text{el fuego}},$$

lo que sugiere la idea del movimiento sobre la claridad y, por consiguiente, de la acción inteligente cuyo fruto es la grandeza. Esta idea de una grandeza en su cenit contiene, sin embargo, el germen de su contrario: no hay grandeza que no decline, y el sentido profundo de este kua es el de prever esta posibilidad y prepararse para ella con un corazón sereno y una justa mesura en la acción.

El primer trazo alude a dos amigos que alcanzan la grandeza respetando su igualdad mutua y evitando superarse el uno al otro. El segundo se refiere a las intrigas y las sospechas que rodean al superior y cuya oscuridad solo se puede vencer gracias a una buena fe absoluta y una sinceridad extrema. El tercero se refiere a tal oscurecimiento del jefe que es imposible actuar sobre él y uno se ve impotente, como si tuviera el brazo roto. La oscuridad del cuarto ya es decreciente, de modo que en él pueden infiltrarse elementos opuestos: hay, pues, encuentro de los complementarios. Este encuentro de dos personajes opuestos pero iguales, uno de los cuales posee energía y el otro, sabiduría, crea un presagio favorable. El

247

quinto encuentra la gloria y la prosperidad aceptando los consejos de hombres competentes, sabios y que poseen la elegancia de la forma. El sexto supera los límites de la elevación, lo que provoca su aislamiento de los hombres: el presagio es desfavorable y puede durar tres años.

KUA 56

Lu: Viajero, huésped, extranjero, alojarse; buen arreglo.

TEXTO I

El extranjero ambulante difícilmente prospera. Si es justo y recto, tendrá buena fortuna.

TEXTO II

1. Los extranjeros ambulantes, pequeños y débiles, están expuestos a muchos males. [Cuando el objetivo es bajo, de ello resultan calamidades. *Com. II.*]

2. El extranjero que se ha establecido en algún lugar debe depositar en él todos sus bienes y procurarse sirvientes jóvenes y hábiles. Tendrá suerte.

3. Ocurre que este extranjero quema su casa, pierde a sus buenos e inteligentes sirvientes y su prosperidad está en gran peligro. [Quema su casa y se arruina. Al frecuentar a gentes vulgares, pierde su habilidad y su rectitud. *Com. II.*]

4. Puede haberse establecido en algún lugar, tener en él sus bienes y su hacha, pero su corazón todavía no está a gusto y seguro. (No tiene una posición asegurada, debe tener cuidado.)

5. Dispara a un faisán y su flecha se escapa una vez (yerra el

blanco). Al final, gracias a las alabanzas que sabe merecer, el príncipe le recibe y le da una función.

6. El pájaro destruye su nido. El extranjero ambulante ríe primero y después lanza grandes gritos, porque pierde a su buey. Así, con demasiada facilidad, un cambio produce un mal.

Comentario I

Si el débil adquiere, mantiene su rectitud entre los extranjeros y permanece sometido al fuerte, será estable y estará ligado a la clara verdad. Así, el extranjero nómada, débil al comienzo, prosperará y se afianzará si es recto y justo.

Simbolismo

El fuego encima de una montaña. Así, el grande y sabio hace brillar su rectitud aplicando las leyes penales y no permite litigios ni procesos duraderos.

Observaciones

Lu es para Wilhelm el viajero (pág. 206), y Yuan Kuang ve un sentido de pérdida de la posición ocupada (pág. 252).

Los trigramas constitutivos son

el fuego

———————

la montaña

Mientras que la montaña permanece, el fuego se desplaza, lo que sugiere la idea de alejarse en direcciones opuestas. De ahí el símbolo del viajero, del errante.

La sentencia adivinatoria anuncia el éxito gracias a la modestia y precisa que la perseverancia es saludable para el viajero.

El primer trazo no encuentra más que vergüenza y calamidades, pues se complace en una condición baja en la que no puede encontrar ayuda. El segundo es afortunado ya que encuentra, al mismo tiempo que un lugar de reposo, el afecto de un sirviente joven y fiel. El tercero pierde sus bienes, pues intenta elevarse mediante la violencia y es perseguido por las autoridades. El cuarto, aunque ha llegado a establecerse, no ha alcanzado la situación que corresponde a sus méritos y sus aptitudes: por tanto, todavía no es feliz. El quinto encuentra una patria en tierra extranjera: después de haber fracasado una primera vez queriendo entrar al servicio del príncipe, acaba consiguiendo llamar la atención de este, que le encarga una misión, de modo que es agasajado y un círculo de amigos le ayuda con su afecto. El sexto deja atrás la modestia que conviene al viajero: se exalta y da rienda suelta a su violencia hasta el punto de que pierde el reposo y ya no sabe adónde ir.

KUA 57

Sún: Dulce, condescendiente; elegir; agarrar firmemente.

TEXTO I

Incluso con un débil desarrollo, con la dulzura y la condescendencia, uno podrá tener éxito en sus empresas y mostrarse en verdad grande.

COMENTARIO I

Hay que redoblar la bondad cuando se reiteran las órdenes. Si la firmeza y la bondad permanecen en el justo medio, lo que se proyecta se hará. El débil debe ceder al fuerte. Así comienza el progreso, así uno triunfa y se muestra grande.

TEXTO II

1. Para avanzar y retroceder (a propósito, para actuar con firmeza o condescendencia), se necesita también la firme rectitud de un hombre de armas (y no solo la dulzura). [En la perplejidad, esta firmeza le hará ordenar su voluntad con prudencia. *Com. II.*]

2. Cuando la longanimidad se ha llevado demasiado lejos (lit.: cuando está debajo de la cama. *Com.*: *Kvoh yu sun*. Cuando la superioridad se agota. *Com. II.* Es decir, cuando uno se rebaja demasia-

do), estará bien consultar a los adivinos acerca del objeto de la perplejidad, y no se cometerá ningún error. [Esto resultará del hecho de que se mantendrá el justo medio. *Com. II.*]

3. Una condescendencia demasiado apresurada puede causar disgustos [la fuerza de la voluntad se debilita. *Com. II*] o: una dulzura constante sin rigor.

4. Cuando uno no tiene temor ni pesar, va de cacería para conseguir las presas para el triple uso ordenado [esto es, ofrendas de sacrificio, alimento de los huéspedes, mantenimiento de la cocina. *Com.*]. [Así se adquieren méritos. *Com. II.*] Esto se refiere a *sún*, 'plato' (alimento).

5. Para que la fortuna sonría, todo pesar se disipe, nada sea sin provecho y un comienzo desafortunado tenga un final excelente, es necesario, en todo cambio, reflexionar tres días antes y tres días después. Entonces, todo irá bien. (Así hay que deliberar sobre los actos de condescendencia y de firmeza.)

6. Cuando la condescendencia o la bondad van demasiado lejos, uno pierde sus bienes y sus medios de defensa (su hacha) y la prosperidad se convierte en desastre. [La rectitud, en maldad. *Com. II.*]

SIMBOLISMO

Dos veces el viento forma el kua *Sún*. Así, el grande y sabio sabe reiterar sus órdenes para llevar a buen fin sus asuntos.

OBSERVACIONES

Sún es para Wilhelm lo que es dulce, lo que penetra, el viento (pág. 209). Yuan Kuang ve, por su parte, el sentido de entrar, y también el de dulzura (pág. 256).

Los trigramas constitutivos son

$$\frac{\text{el viento}}{\text{el viento}},$$

repetición que sugiere la idea de flexibilidad, de agilidad, de insinuación, de humildad.

La sentencia adivinatoria anuncia el éxito gracias a las pequeñas cosas y declara que es propicio tener donde dirigirse y ver al gran hombre.

El primer trazo se refiere a una humildad excesiva que lleva a la indecisión: esta humildad debe ser superada en provecho de una «perseverancia guerrera». El segundo padece también de un exceso de humildad y se rebaja sin motivo: el presagio, sin embargo, es favorable por cuanto el corazón es puro y busca la ayuda de la sabiduría. El tercero examina las cosas con tal exceso que destruye su capacidad de actuar. El cuarto conjuga la modestia, el sentido de las responsabilidades, la experiencia y la actividad enérgica, de manera que obtiene un gran éxito. Este es semejante al resultado de una caza abundante cuya variedad permite la alimentación de los dioses, los huéspedes y los sirvientes. El quinto es afortunado gracias a su perseverancia, de modo que alcanza el éxito a pesar de sus malos comienzos. El sexto está en el colmo de la humildad y se despoja a sí mismo: su presagio es nefasto.

KUA 58

Túi: Satisfacción, alegrar (a los demás).

Texto I

Esto conduce a toda prosperidad.

Túi es alegría. Cuando se da alegría al mundo, se obedece al cielo, se secundan los deseos de los hombres. Cuando se busca ante todo conseguir la felicidad del pueblo, el pueblo olvida sus males. Excitado con ello a emprender las cosas difíciles, olvida hasta los peligros de muerte. Con esta satisfacción, el pueblo está fuertemente animado (a cumplir su deber).

Texto II

1. Establecer la concordia y satisfacer a todo el mundo es una fuente de prosperidad. Esto ahoga los recelos y las veleidades de resistencia. *Com. II.*

2. La sinceridad, la rectitud, satisface a todo el mundo y previene los disgustos [al establecer la confianza en las intenciones. *Com. II*].

3. Una satisfacción buscada, forzada, es mala cosa. [El mal consiste en que la confianza se da a alguien indigno. *Com. II.*]

4. Preocuparse por satisfacer de manera que se pierda la cal-

ma es próximo a la pena [cuando se puede tener la alegría, la paz interior. *Com. II*]. Tratar de devolverle la alegría a quien no tiene la paz del corazón es ayudar a un enfermo a recobrar la salud.

5. Confiarse en lo que es perjudicial es cosa muy peligrosa.

6. Hacer llegar a un estado de satisfacción, de alegría (este es el sentido de la palabra en cuestión), es el objeto de esta sección.

Simbolismo

Agua estancada sobre agua estancada forma la figura. El grande y sabio favorecc la amistad y estimula la práctica de la virtud.

Observaciones

Wilhelm interpreta *Túi* como serenidad, lago (pág. 212), y Yuan Kuang ve el sentido de complacer, de ponerse de acuerdo, de satisfacción (pág. 258).

Los trigramas constitutivos son

el lago
_____
el lago

y esta repetición sugiere la idea de que el agua no se escurre hacia abajo. Está obstaculizada, como en una marisma: es la imagen de la satisfacción.

La sentencia adivinatoria anuncia el éxito y declara que es propicio perseverar.

El primer trazo es favorable en el sentido de que se contenta con su suerte en una categoría inferior y hace irradiar el espíritu de concordia. El segundo es verídico y, gracias a su buena fe, consigue evitar las dificultades. El tercero es desgraciado, pues, en lugar de dejar que su alegría brote del corazón, quiere obtenerla a la fuerza de unas satisfacciones exteriores, que le son negadas. El cuarto vacila entre alegrías de cualidad diferente y solo puede encontrar la paz del corazón sacrificando las que la perturban. Al quinto lo atraen unos elementos corrosivos que acaban colocándole en una situación peligrosa. El sexto ha llegado al colmo de la satisfacción, de modo que, al tratar de extenderla aún más, se arriesga a hacerla pasar a su contrario: la dirección de su vida ya no le pertenece, y a partir de ahora se encuentra bajo la influencia determinante de las circunstancias exteriores.

KUA 59

Hwán: Extensión, exposición, desarrollo, abundancia
desbordante; dispersión, disipación.

TEXTO I

«Abundancia desbordante.» El príncipe que frecuenta el templo de sus antepasados atravesará felizmente las dificultades. Conseguirá una prosperidad firme.

COMENTARIO I

El poder le vendrá sin disminuir.

Frecuentando el templo de los antepasados, notará el medio fijo.

Los hombres condescendientes y buenos tendrán su lugar adecuado en el exterior y el grande hará reinar la armonía. (Se darán
convenientemente.)

1. Hay que remediar [esta dispersión. *Com.*], librar de ella a un
Estado. Si se usa toda la fuerza (lit.: una fuerza de caballo) para ello,
se conseguirá [restablecer el orden y la obediencia. *Com. II*]. Explicación del segundo sentido. Hay que utilizar sobre todo sabias enseñanzas y exhortaciones.

2. Si, en este estado peligroso, uno se retira precipitadamen-
te a la oscuridad, no tendrá que arrepentirse de ello [conseguirá
el objeto de su deseo, el restablecimiento del orden y la unión.

Com. II] o: en el estado de discordia, hay que retirarse a la oscuridad.

3. Si entonces uno prescinde de sí mismo [y se ocupa del exterior. *Com. II*], no lo lamentará.

4. Dispersar la multitud, las asociaciones, dispersar felizmente lo que está unido y coaligado como un montículo, es algo que un hombre vulgar no podría siquiera proyectar.

Nota. El sentido parece ser dividir, impedir las coaliciones malas para reunir en el orden y la unidad política y social. O bien: dispersar a los pequeños y reunir a los grandes para el gobierno. *(Com.)*

5. Derramar *(hwán)* el sudor con gritos (de temor y sufrimiento); repartir, distribuir (los bienes acumulados en) los almacenes reales, y hacerlo sin disgusto, para remediar los males de los disturbios y la miseria que es su consecuencia.

Nota. Estas dos frases o bien pueden ser independientes y limitarse a expresar usos diversos de la palabra *hwán*, o bien se pueden construir como sigue. Cuando la pena y el temor penetran en el pueblo hasta el punto de hacerle lanzar gritos como si transpirara con intensidad, entonces hay que ayudarle por medio de las provisiones acumuladas en los almacenes públicos.

6. Derramar *(hwán)* la propia sangre para rechazar a los invasores y adelantarse para hacerlo, sin pesar. (Esto es lo que hay que hacer.) [Derramar la sangre para alejar las desgracias. *Com. II*.]

SIMBOLISMO

El viento que sopla por encima del agua forma el kua de *Hwán*, dispersar. Los antiguos reyes hacían el sacrificio a Shang Ti y elevaban templos ancestrales.

OBSERVACIONES

Hwán es para Wilhelm disolución y dispersión (pág. 215). Yuan

Kuang le da, asimismo, el sentido de separación y también de dispersión (pág. 261).

Los trigramas constitutivos son

$$\frac{\text{el viento}}{\text{el agua}},$$

lo que sugiere la imagen del viento que sopla sobre el agua, la esparce y la dispersa. El sentido general del kua se refiere al riesgo de separación que solo se puede superar mediante una acción en profundidad, de orden moral y religioso, acción a la que el texto alude con la imagen del príncipe que acude al templo de los antepasados. Se trata, pues, de un esfuerzo para vencer los egoísmos individuales y unirlos en una gran tarea común.

La sentencia adivinatoria anuncia el éxito e invita a cruzar las grandes aguas. Es propicio perseverar, añade.

El primer trazo alude a los primeros indicios de separación y de egoísmo, que todavía es fácil vencer mediante una acción rápida y enérgica.

El texto de Wilhelm relativo al segundo trazo no habla de «retirarse de manera precipitada a la oscuridad», como lo hace el del P. De Harlez, sino de «precipitarse hacia lo que lo sostiene, hacia su punto de apoyo»: al comparar los comentarios, se llega no obstante a la idea común de que este trazo, colocado en los peligros y los disgustos de la separación, encuentra el reposo corriendo hacia un hombre que le sostiene, que puede servirle de punto de apoyo y de aliado.

El tercer trazo disuelve su propio egoísmo y con ello evita la disolución de las relaciones con los demás.

El cuarto es afortunado por cuanto dispersa los grupos ligados por intereses privados o por afinidades particulares y, con esta dispersión, pone las bases de una unión más amplia y más sólida.

El quinto supera la dispersión con un gran proyecto y este trazo se refiere al hecho de que, en todo periodo de disolución, una gran idea libera y actúa a modo de catalizador.

El sexto sale del peligro, con el riesgo de perder su sangre, pero su salvación viene del hecho de que no piensa en sí mismo, sino que combate por el bien común.

KUA 60

Tsieh: Regla, ley, mesura.

Las leyes duras no pueden dar la prosperidad.

Comentario I

Las leyes demasiado severas, duras, no pueden consolidarse y subsistir. La firmeza y la bondad deben repartirse por igual.

La severidad debe aplicarse en su justa medida, o su fuerza se desvanecerá. La satisfacción hace afrontar los peligros. Hay que administrar según las reglas y proceder con moderación y justicia. El cielo y la tierra siguen sus leyes y las cuatro estaciones completan su curso. Si se observa en todo la mesura, no se perderán los recursos públicos, no se perjudicará al pueblo.

Texto II

1. Alguien no sale de la puerta exterior de su vivienda y no lo lamenta. (Puesto que ve todo lo que ocurre en su casa, puede gobernarlo todo bien.) Cuando uno sabe que no hay motivo para salir, o bien impedimento. *Com. II.*

2. Pero si no cruza la puerta interior de la casa (la de las habita-

262

ciones interiores, de las mujeres), padecerá los malos efectos de esta conducta. (Como solo ve parcialmente lo que ocurre en su casa, puede tener disgustos.)

[Dejará que pase el tiempo límite para hacer lo necesario según las circunstancias. *Com. II.*]

3. El que no observa las leyes se arrepentirá de sobra después y se lamentará sin que nadie tenga necesidad de censurarle. (O bien: se arrepentirá con tal amargura que nadie tendrá el valor de censurarle.)

4. Las leyes observadas pacíficamente dan la prosperidad [y perpetúan el reino de la justicia. *Com. II*].

5. Aplicar con dulzura las leyes es una condición de la prosperidad. Si procede así, uno será ilustre [pues cumple sus funciones a la perfección. *Com. II*].

6. Las leyes duras tienen consecuencias muy lamentables para la prosperidad. El arrepentimiento (causado por su infracción) desaparecerá. [Su fuerza y su valor se agotarán. *Com. II.*] (Cuando el pueblo siente que las leyes son crueles, las infringe sin escrúpulos ni arrepentimiento.)

SIMBOLISMO

El agua encima de una marisma forma el kua de *Tsieh*, regla, mesura. El grande y sabio lo regula todo con moderación y aprecia los actos de virtud.

OBSERVACIONES

Tsieh es para Wilhelm delimitación (pág. 218), y Yuan Kuang ve el sentido de definir, regular, limitar, detener (pág. 264).

Los trigramas constitutivos son

el agua corriente
_____
la marisma

lo que sugiere la idea de una capacidad limitada, de la marisma que se desborda si se le quiere echar demasiada agua. De ahí el sentido general del kua, que se refiere a la necesidad de establecer delimitaciones, barreras y leyes sin que estas sean sin mesura y con exceso, lo que surtiría el efecto contrario de lo que se deseaba al establecerlas.

El primer trazo alude al principio de la delimitación: al querer actuar, choca con una barrera insuperable, de modo que le resulta provechoso quedarse en su casa, no cruzar la puerta de su vivienda. El segundo debería cruzar la puerta interior, pero no lo hace: pierde la ocasión de hacer lo necesario y encuentra la desgracia. El tercero paga dolorosamente las consecuencias de sus errores: le bastaría con obedecer reglas restrictivas para no cometer ninguna falta. El cuarto es feliz por cuanto se impone de manera espontánea unas limitaciones que no le hacen sufrir y que corresponden a su naturaleza. El quinto lo es también por la dulzura que acompaña a sus órdenes. El sexto es el colmo de la delimitación y su severidad excesiva conlleva su propia destrucción así como la desgracia: con él, dice Yuan Kuang, «la vía racional de los preceptos y las leyes llega a su fin».

KUA 61

Tchông: Justo medio, virtud, rectitud, sinceridad, ausencia de egoísmo, fidelidad digna de confianza *(fou)*.

Texto I

La recta sinceridad inspira confianza y conmueve hasta a los cerdos y los peces. Es una fuente de felicidad. Hará superar las dificultades y conducirá a una prosperidad segura.

Texto II

1. Una circunspección firme es feliz; una conducta diferente no dará motivos de alegría. [Si estas disposiciones cambian. *Com. II*.] Es necesaria una paz interior vigilante; de lo contrario, no hay alegría.

2. La grulla llama desde el lugar de su retiro y sus crías le responden con el mismo sentimiento (del mismo modo, el sentimiento de concordia hace decir:) tengo una copa de excelente vino, quiero vaciarla con vosotros [con un deseo que tiene su raíz en el centro del corazón. *Com. II*]. Esto representa la concordia, dos pájaros que se responden, dos hombres que hacen lo mismo.

3. Si uno recibe a un rival (un igual), unas veces está excitado (toca el tambor) y otras está como abatido; unas veces llora y otras ríe (según haya algo que temer o no, según triunfe o no, y, en este

265

caso, ya no puede observar el justo medio). Ya no mantiene una actitud conveniente para su posición. *Com. II.* Al haber perdido el *Tchông*, uno ya no es dueño de sí ni de sus movimientos.

4. La luna que se acerca a su plenitud (está en el *Tchông*). Un caballo que abandona a sus compañeros (para ser empleado en más nobles menesteres) no siente ningún pesar (y observa así el medio).

Nota. Imagen del que, avanzando en dignidad, se acerca más al príncipe, y del que rompe con sus iguales para ascender en categoría y dignidad. La figura del caballo suele utilizarse. El dinero del caballo significa los honorarios del médico. El caballo conductor es el preceptor del príncipe.

5. Una adhesión sincera y fiel no crea arrepentimiento.

6. Si el faisán rojo quisiera elevarse por el cielo, el resultado de este intento sería funesto.

¿Cómo podría lograrlo? *Com. II.* (Imagen de la ambición excesiva que no puede sino fracasar.)

Comentario I

Justo medio y sinceridad. Dulzura en el interior, firmeza que mantiene el justo medio. Al satisfacer a todo el mundo, condescendiente, fiel y recto, mejorará el país. La confianza se extenderá hasta los cerdos y los peces, se salvarán las dificultades como un río que uno cruza subido en un inmenso barco de madera.

El medio firme proporciona el avance y la consecución, y hace corresponder con los designios del cielo.

Comentario II

El viento encima de una marisma forma el kua *Tchông fu.* El sabio, al examinar con cuidado las causas judiciales, limita las penas capitales.

Tchông (fu) significa para Wilhelm la veracidad intrínseca, la verdad interior (pág. 221), y Yuan Kuang ve el sentido de confianza, de certeza, de rectitud (pág. 267).

Los trigramas constitutivos son

$$\frac{\text{la marisma}}{\text{el viento}}.$$

El primero actúa sobre el segundo y lo turba en sus profundidades. De ello se desprende la idea de la fe interior que influye en el prójimo y lo conmueve en lo más profundo del corazón. Este está «vacío» y representado por los dos trazos negativos del centro.

Como la estructura general del hexagrama es armoniosa, la sentencia adivinatoria es favorable, al tiempo que declara que es propicio cruzar las grandes aguas y perseverar.

El texto de Wilhelm relativo al primer trazo difiere del que da el P. De Harlez: «Estar preparado procura la salvación —dice—. Si existen proyectos secretos, la cosa es inquietante», y los comentarios parecen conferirle el sentido de una confianza interior cuyo objeto debe ser digno y puede ser recibido por los demás: si no es así, tanto la paz íntima como la veracidad intrínseca pierden su fuerza. Lo esencial es calibrar aquello a lo que es justo y posible conceder fe. El segundo trazo se refiere a la influencia espontánea que ejercen unas sobre otras las personas de temperamento similar: hay, pues, respuesta a la buena fe y libre comunicación de sentimientos. Para el tercero, Wilhelm no habla de un «rival», sino que se limita a decir: «Encuentra un compañero, un camarada», con lo que alude a un hombre a quien solo el sentimentalismo conduce y que tiende a mantenerse en los placeres; el presagio, sin embargo, no es nefasto, pues el objeto de sus deseos es correcto. El cuarto trazo, que ha conservado su libertad interior, rompe con los suyos y con las facciones a las que estaba vinculado para progresar hacia más altas dignidades: posee la humildad de la luna que acoge a la luz del sol. El quinto es el dueño de la verdad intrínseca y la fuerza inquebrantable de su naturaleza produce una obra cuyos efectos son decisivos. El sexto está en el colmo de la confianza en sí mismo y ya no consigue detenerse: cree posible aquello de lo que es incapaz y su testarudez desprovista de inteligencia debe por fuerza conducirle al fracaso.

KUA 62

Siaô kouoh: (Pequeño, poco, o pequeños), avance, falta, defecto, avanzar, superar, no ver algo, transgredir.

TEXTO I

Pequeño avance. En toda la serie de sus actos, el pequeño puede hacer cosas pequeñas, pero no grandes. Es como el ruido producido por el paso de un pájaro, no puede crecer, sino solo disminuir, bajar (primer sentido).

COMENTARIO I

Si, al avanzar, el pequeño actúa según las circunstancias y mantiene el justo medio, los pequeños negocios que haga saldrán bien. Por ese mismo motivo, el fuerte que pierde su dignidad y no mantiene el medio ya no puede hacer nada grande. Aquí está representado con la figura del pájaro que vuela; el ruido de su vuelo no puede elevarse, sino únicamente disminuir.

El grande resiste, el pequeño cede.

SIMBOLISMO

Este hexagrama representa el trueno por encima de una montaña. *Kouoh* es falta.

El sabio, en sus actos corrientes, falta por respeto insuficiente.

En caso de duelo, se falta respecto a los vestidos. En los gastos cotidianos, se falta respecto a la economía.

1. Al pájaro que vuela demasiado alto le ocurrirán desgracias.

2. Si uno quiere dejar a un lado a su abuelo y aventajarlo, se encontrará con su abuela. El que quiera evitar al príncipe (no ir hacia él), se encontrará con su ministro.

[A aquel no se le puede dar de lado. *Com. II.*]

3. Que no falten las precauciones necesarias para protegeros, o habrá alguien que quiera atacaros y perjudicaros.

4. Sin haber cometido errores ni haberse excedido ni haber faltado en nada, pueden sobrevenir peligros, encuentros que sean de temer. Hay que estar siempre alerta, pues, de lo contrario, no se puede alcanzar una prosperidad siempre constante.

[Al final, podrá durar. *Com. II.*]

5. Pese a las espesas nubes, no llueve en las regiones del oeste (falta de agua, sequía).

[Situación demasiado elevada. *Com. II.*] El príncipe dispara y alcanza a los animales en su cueva. (Falta de habilidad: el príncipe solo dispara a la madriguera.) Esto indica los hombres incapaces de hacer grandes cosas.

6. No encontrar a nadie que nos supere, como el pájaro volando que lo deja todo debajo, puede considerarse un mal, una cosa funesta.

[Uno se vuelve orgulloso, obstinado. *Com. II.*]

Observaciones

Siaô kouoh es para Wilhelm la preponderancia del pequeño (pág. 225), y Yuan Kuang ve el sentido del pequeño exceso de la pequeña superioridad (pág. 270).

270

Los trigramas constitutivos son

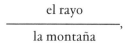

el rayo
la montaña

lo que sugiere la idea del rayo que cae sobre un lugar elevado y cuyo ruido se oye, por ello, más lejos que de costumbre. Dado que este hexagrama contiene también cuatro trazos negativos, esta preponderancia de la negatividad se interpreta como el exceso de lo que es pequeño, el exceso en las pequeñas cosas.

La sentencia adivinatoria anuncia el éxito y declara que es propicio perseverar. Este presagio favorable es competencia exclusiva de los pequeños asuntos y solo vale a condición de permanecer en tierra sin aspirar hacia lo alto.

El primer trazo es desafortunado: es el hombre inferior que quiere ir más allá del nivel ordinario, no posee la fuerza para ello y acaba mal. El segundo trazo, según Wilhelm, no se propone evitar al abuelo o al príncipe, pero las cosas van de tal manera que no les encuentra y tiene que habérselas con la abuela y los ministros; la alusión a los abuelos se refiere a las ceremonias que se desarrollaban en el templo de los antepasados y en las que prevalecía el orden de alternancia de las generaciones: el nieto se colocaba al lado de su abuelo, con el que tenía, pues, la relación más íntima; pero en el caso presente el trazo se refiere a la mujer del nieto (Wilhelm da el texto siguiente: «*Ella* pasa por el lado de su abuelo y encuentra a su abuela»), que durante el sacrificio pasa junto a su abuelo y va a encontrarse con su abuela: este comportamiento inhabitual no recibía crítica alguna, pues era la expresión de una gran modestia; una modestia análoga es la que muestra el hombre que ha solicitado una audiencia con el príncipe y se contenta con ser recibido por el ministro: su ascensión parte del ministro. El segundo trazo alude a las dificultades de una situación en la que solo la prudencia y la modestia procuran el éxito. El tercero está amenazado por hombres inferiores que, si no toma un exceso de precauciones, le matarán. El cuarto es enérgico en una situación en la que solo la dulzura puede ser eficaz; debe adaptarse, pues, a la situación en que se encuentra y no ceder a los impulsos enérgicos de su naturaleza. El quinto se refiere a un jefe lleno de abulia a quien ayuda un colaborador igualmente abúlico: su asociación no produce nada fecundo. El sexto es desgraciado pues, en el colmo del exceso, siempre trata de ir más allá de lo posible y vive en una agitación incesante cuya inevitable consecuencia son las calamidades.

KUA 63

Tchi tzi: Travesía acabada, terminación, éxito, medio de acabar, completar.

TEXTO I

Travesía realizada. Primer éxito. Pero el éxito siguiente puede ser débil, ya que, tras un comienzo afortunado, pueden sobrevenir trastornos y peligro.

TEXTO II

1. Travesía terminada como la de alguien que, después de terminado su viaje, quita las ruedas de su carro, o de un zorro que, al cruzar un río, se ha mojado la cola por completo.

2. Viaje terminado (interrumpido), como el de una mujer que, después de haber perdido el velo de su carro (*Keû tchi pi*, colgadura que rodeaba al carro y ocultaba a la persona que viajaba en él. Sin él, una mujer virtuosa no podía viajar. Su viaje, pues, había terminado hasta que lo encontrara, y ella no podía ir al descubierto a buscarlo), no puede buscarlo, pero lo encuentra al cabo de unos (siete) días. [Actúa así porque sigue la vía de la prudencia. *Com. II.*]

3. Expedición acabada.

Kao Tsong (emperador de la dinastía Shang, que reinó hacia 1300 y permaneció cincuenta y nueve años en el trono) atacó la

273

región de los demonios (aborígenes insumisos y depredadores) y, en tres años, culminó su triunfo. Un príncipe vulgar no habría podido hacerlo. [Le costó mucho. *Com. II.*]

4. Cuando los bordes (las franjas) de un vestido se mojan, hay que estar alerta hasta el final de la travesía (o bien: cuando en un barco uno se ve obligado a emplear los bordes de su vestido para tapar los agujeros, etcétera). [Entonces hay motivo para el temor. *Com. II.*]

5. Cierto vecino de la izquierda (este) sacrifica un buey, pero no obtiene el mérito de su vecino de la derecha (oeste), que hace un sacrificio muy inferior.

Es la rectitud de la intención (y no la obra material) la que hace obtener la felicidad, condición del éxito, de un final feliz. [Así llega una gran felicidad. *Com. II.*]

6. El que al atravesar (un río) se moja la cabeza, está en peligro. (Si la cabeza misma entra en el agua.) [Esta situación es peligrosa, no se puede prever su desenlace. *Com. II.*]

COMENTARIO I

Tchi tzi significa 'travesía realizada, éxito, progreso'. Los pequeños asuntos salen bien con facilidad. Las cosas salen bien con facilidad cuando pequeños y grandes, fuertes y débiles, son rectos y justos y cada uno está en su lugar y su categoría. Un buen comienzo puede tener consecuencias funestas cuando la sabiduría de las personas se agota.

SIMBOLISMO

El agua por encima del fuego forma el kua. El sabio, con su previsión y su temor prudente, se protege contra los peligros y permanece en paz.

Wilhelm interpreta *Tchi tzi* como lo que sigue a la terminación (pág. 229), y Yuan Kuang ve el sentido de lo que ya está establecido, del orden establecido (pág. 273).

Los trigramas constitutivos son

el agua corriente
_____ .
el fuego

Como el fuego se dirige hacia arriba y el agua hacia abajo, los comentadores quieren ver en su unión en este hexagrama la idea de un equilibrio inestable, que está a punto de pasar a su contrario.

La sentencia adivinatoria anuncia el éxito en las cosas pequeñas y declara que es propicio perseverar. Añade que, si bien hay buena fortuna al principio, el desorden surge al final.

El sentido general de este kua se refiere, pues, al paso de la confusión al orden, a la terminación de este orden y a los signos de decadencia y de fracaso que se manifiestan a partir del instante en que se alcanza el equilibrio perfecto. De ahí que recomiende una prudencia extrema a fin de que no le tomen desprevenido por las modificaciones nuevas que se preparan.

El primer trazo, que ha terminado su travesía, debe detenerse, pues al proseguir su movimiento hacia delante encontraría el peligro. El segundo está aislado y ya no se escuchan sus consejos, de modo que debe detenerse; pero su detención solo es temporal y, al cabo de siete días, el éxito vuelve a él. El tercero se refiere a las guerras coloniales chinas y a una acción violenta y penosa que solo podría llevar a cabo un hombre grande y desinteresado. El cuarto alude a los pequeños detalles a los que conviene estar atento en las situaciones aparentemente más estables: son estos detalles los que, si se descuidan, pueden provocar la decadencia. El quinto se refiere a dos hombres, uno de los cuales sacrifica mucho y debe pensar en los cambios que le esperan, justo porque ha llegado a su máximo, y el otro, que sacrifica menos, puede todavía esperar modificaciones favorables a su suerte porque todavía no ha alcanzado este máximo. El sexto está en peligro y expresa el fin del orden establecido: es un trazo negativo que simboliza al hombre inferior y la decadencia que él provoca.

KUA 64

Wei tzi: Travesía no terminada, obra no acabada, éxito interrumpido, compromiso; cosa no acabada, no llevada a buen fin.

TEXTO I

Éxito comprometido, obra no acabada. Es como un joven zorro que se pone en peligro al cruzar un río. Sus cuartos traseros se hunden en el agua por el peso de su cola; no consigue (escapar de este peligro). [El comienzo afortunado no continúa. *Com. II.*]

SIMBOLISMO

El agua por debajo del fuego forma el kua. El sabio hace uso de la mayor circunspección y atención para distinguir a los hombres y las cosas y la posición que deben ocupar.

TEXTO II

1. La cola que se hunde en el agua constituye un peligro. [No se sabe cómo acabará esto. *Com. II.*] Consecuencia de la imprudencia y la presunción.

2. Quitar la rueda (de su carro) después del viaje significa que se ha acabado, que se ha tenido éxito.

3. Cuando todo no está todavía en orden (segundo sentido), hay que corregir los defectos (de los hombres y las cosas) y enton-

ces se triunfará sobre las dificultades (medio de terminar la travesía, la obra). Hay vicio cuando no están todos en su rango y en su lugar. *Com. II.*

4. Un final feliz, que no deja ningún pesar (tal es el de Kao Tsong). Se levantó, atacó y venció al país de los demonios, en tres años. Tuvo su recompensa en su inmenso poder y dominio. [La conclusión es feliz cuando se alcanza el objetivo y la voluntad está satisfecha. *Com. II.*]

5. La terminación es feliz y sin pesar cuando el brillo del sabio es puro y sólido. [Triunfa cuando su vivo resplandor se extiende a lo lejos. *Com. II.*]

6. El que, sin ninguna preocupación, se lanza de cabeza al vino y a los licores perderá la rectitud y la buena fortuna. Desconoce la moderación. *Com. II.*

Observaciones

Wilhelm interpreta *Wei tzi* como lo que precede a la terminación (pág. 233), y Yuan Kuang ve el sentido de lo que no está acabado, de lo que todavía no está regularizado, el de la continuidad indefinida en la transformación de la manifestación (pág. 276).

Los trigramas constitutivos son

$$\frac{\text{el fuego}}{\text{el agua}}.$$

Son los mismos trigramas que en el kua anterior, pero colocados en sentido inverso. Mientras que el agua sobre el fuego evoca para los comentadores chinos un orden natural que es el de la cocción, el fuego sobre el agua sugiere un desorden del que no puede resultar nada. Sin embargo, el kua anterior evocaba el otoño y el paso del verano al invierno. El presente hexagrama, por el contrario, sugiere más bien la transición primaveral, el paso del

278

invierno al verano. El *Libro de las Mutaciones* se termina, pues, con una visión de esperanza.

El primer trazo, descontento de su posición, quiere elevarse sin tener los medios para ello, de modo que solo obtiene vergüenza y fracaso. El segundo, según Wilhelm, no quita la rueda, sino que la frena: este trazo puede, pues, contenerse mientras se prepara para la acción; le basta con perseverar y llegar al momento oportuno para triunfar. El momento de actuar ha llegado para el tercero, que, no obstante, carece todavía de fuerza; solo puede emprender algo creando una situación nueva y apoyándose en quien le es simpático: ayudado de este modo, cruzará las grandes aguas. El cuarto entabla el combate y, al cabo de tres años de luchas, adquiere un vasto reino. El quinto obtiene la victoria y el brillo de su gloria se expande a lo lejos. El sexto, lleno de la esperanza del cambio, se arriesga a perder su energía en los placeres de la mesa y en las mismas reuniones en que se exalta esta esperanza: si no mantiene la moderación en sus ardores, está perdido.

ÍNDICE

282

Después de leer *I Ching,* para ilustrarlo le pedimos consejo a Eduardo Parra, un amigo experto en la obra. Pero acabamos decidiendo que lo mejor era poner en práctica las enseñanzas de este *Libro de las Mutaciones.* Tras ello realizamos veinte tiradas y seleccionamos quince hexagramas, de modo que las ilustraciones quedaran equilibradamente distribuidas a lo largo de las páginas. Por otro lado, cuando abordamos un proyecto de ilustración consideramos que forma es fondo, por lo que nos interesa llevar a la gráfica las reflexiones realizadas sobre el texto. Por eso procuramos construir imágenes que dialogaran con la escritura, a la vez que mostraran nuestras propias preguntas, respuestas e interpretaciones sin dejar de mantenerlas «abiertas» a la propia interpretación de los lectores. En cuanto a la paleta de color, elegimos el ocre, además del negro y el blanco. El negro nos permitió dibujar algunos elementos significativamente presentes en el texto: la oscuridad, lo frío... El blanco se relacionaba con el agua, el hielo, la luna, el aire, la luz..., mientras que el ocre podía volverse calor, fuego o también tierra. Sobre la representación de las figuras pensamos que podrían tener un equilibrio armónico entre la abstracción y la figuración. Hemos querido recordar, así, finalmente, esa dimensión que las estéticas de Oriente dan al espacio vacío o hueco, así como la síntesis y abstracciones de la forma claramente presentes en sus caligrafías.

AMANDA MIJANGOS Y ARMANDO FONSECA